Schlüsselmomente

ein außergewöhnliches Kommunikationsbuch

Rolf-Michael Hahn – Nicolai Stickel

Unter Mitarbeit von
Maryam Bonakdar und Sybille Keßler

Illustrationen
Walter Mödl

Lutzi Verlag Allgäu

Gewidmet

all denen,

die sich von der Kraft

der Fabelgeschichten

überzeugen lassen

wollen – in der Hoffnung,

dass dieses Buch zu einem

Schlüsselmoment wird.

"Schon bei den alten Griechen war bekannt, dass Tierfabeln ein entwaffnendes Mittel sind, um den Menschen die Fallstricke des Lebens zu lehren. Dieses Buch knüpft an diese Tradition an und überrascht den Leser immer wieder mit Einsichten, die auf die einzelnen Lebensbereiche zu übertragen sind."

DR. CHRISTOPH LECHNER
DOZENT, UNIVERSITÄT ST.-GALLEN

"Schlüsselmomente" ist wirklich ein erfrischendes Buch, das ohne 'schulmeisterhafte' Didaktik auskommt. Durch ungewöhnliche und originelle Geschichten zeigen die Autoren auf unkonventionelle Art und Weise, wie man traditionellen Denk- und Kommunikationsfallen entkommen kann."

WOLFGANG GLAUNER
SENIOR MANAGER, CAP GEMINI ERNST YOUNG

"Ein neues Kommunikationsbuch liefert meist Worthülsen und Binsenweisheiten. Umso erfreulicher, dass es dank Hahn und Stickel auch anders geht: Amüsante, lehrreiche Fabeln für Erwachsene, die schlicht und einfach eine kleine Liebeserklärung an die Kommunikation sind. Und das ist gut so."

BJÖRN FORGEBER WERBETEXTER

"Eine Pflichtlektüre für alle, die privat oder beruflich Verantwortung für andere tragen. Darüber hinaus ein außerordentlicher Lesegenuss, absolut empfehlenswert!"

OLAF LANG
DIRECTOR, CREDIT SUISSE PRIVATE BANKING

"Wer keine Angst hat, hat auch keine Phantasie...
Phantasie kann ich aber erst haben, wenn ich mir etwas vorstellen kann. Bei diesem Buch kann ich mir alles vorstellen. Die Fabeln in ihrer einfachen Sprache erleichtern es, Bilder aufzubauen, sich etwas auszumalen und Phantasie zu entwickeln. Phantasie ermöglicht es mir wiederum auszuschweifen und die Geschichten zu erweitern und zu verändern. Warum muss ich da noch Angst haben?"

PROF. HARALD LESCHKE
DESIGNER

"Bunte Fabeln statt nüchterner Tabellen, gefühlvolle Metaphern statt schnöder Zahlenspiele: Dieses Kommunikationsbuch für junggebliebene Erwachsene ist tatsächlich von der ersten bis zur letzten Strophe ein Hit."

SASCHA MOHN,
SCHLAGERSÄNGER

"Der aktuelle Aesop! Die Geschichten sind erschreckend und zugleich belustigend! Warum? Es ist ein unbarmherziger Realismus, mit dem den Prozessen unseres Berufs- genauso wie Privat-Alltags der Spiegel vorgehalten wird - passend und treffsicher, intuitiv und feinfühlig, köstlich und spannend."

RENATE MAHR
MANAGER-COACH, manageMENTOR

"Eine wahrhaft ungewöhnliche Lektüre für alle, die Kommunikation nicht nur theoretisch sehen. Besonders empfehlenswert für alle Leser, die auch mal über den Tellerrand hinweg sehen und bereit sind, den Pfad des Konventionellen zu verlassen."

TANJA SCHAIBLE
DEVELOPMENT MANAGER,
DIGITAL WORKPLACE SERVICE EUROPE, HP

"Die Tier-Metaphern sprechen das Gefühl an. Sie haben mir in kindlicher Märchenform heutige Kommunikationsprobleme und deren Auswirkungen deutlich vor Augen geführt. Jeder sollte sie lesen." DR. KERSTIN SCHAPER-LANG
DOZENTIN FÜR WIRTSCHAFTSWISSENSCHAFTEN,
FACHHOCHSCHULE VORARLBERG - DORNBIRN

"Kluge und schöne Geschichten ohne den 'oberlehrerhaften Zeigefinger' – ideale Erwachsenen-Gutenachtgeschichten" JUDITH IVANCSICS
SONDERPÄDAGOGISCHES ZENTRUM, WIEN

Inhaltsverzeichnis

Vorwort   8

Einleitung   10

Herrscher des Waldes   12
Eine Geschichte vom Reden und Handeln

Die Maus May   22
Die Grundhaltung als Ausgangspunkt jeder Kommunikation

Aloa, der Frosch – Teil 1   34
Über Sprachlosigkeit und Entfremdung

Aloa, der Frosch – Teil 2   43
Sprache als Brückenbau

Der kleine Hund Sammy   52
Wie Vorurteile die Kommunikation steuern

Vladimir und Aphrodite 62
Kommunikation zwischen Mann und Frau

Benni, der Hahn 74
Sprache als Werkzeug menschlicher Entscheidungsprozesse

Das junge Wildschwein Cober 86
Über den sorgsamen Umgang mit Worten

Berta, das Walross 94
Über die Kunst des Zuhörens

Die Vögel Schwatz und Redig 106
Geheimnisse der überzeugenden Rede

Danksagung 124

Über die Autoren 126

Vorwort

Willkommen zu "Schlüsselmomente", einem außergewöhnlichen Buch über Kommunikation.

Hinter Schlüsselmomente verbirgt sich ein Projekt, das für uns eine ganz besondere Bedeutung hat. Wir wollten uns der Kommunikation auf einem neuen Weg nähern. Dieser Weg ist nicht nur ungewöhnlich, weil er einen veränderten Zugang zu dem Thema schafft. Er ist für uns auch ungewöhnlich, weil wir uns mit dem bewussten Verlassen klassischer Kommunikationsmethoden auf eine Reise begaben, deren Ausgang offen war. Umso mehr waren wir überrascht, wie sich mit zunehmender Reifung des Buches eine Leidenschaft für die literarische Form entwickelte, die uns nicht mehr losließ. Unser innigster Wunsch war und ist, viele Menschen über diese Form zu erreichen und sie mit unseren Worten zu sensibilisieren.

Entstanden sind 10 Tiergeschichten, die auf einfache und plastische Weise Essenzen der Kommunikationstheorie vermitteln ohne über Kommunikation zu sprechen.

Alle Fabeln unseres Buches haben eine eigene Geschichte. Die Geschichte ihres Fundortes, ihres Einsatzes, ihre eigene kleine Erfolgshistorie oder einfach ihre Entstehungsgeschichte. In einigen kurzen Absätzen, die jeweils der Fabel angehängt sind, bieten wir ihnen den Blick "hinter die Kulissen". Die "Geschichte hinter der Geschichte" greift jeweils unsere persönlichen Gedanken zu der Fabel auf und präsentiert einen Ausschnitt unserer eigenen Interpretation. Diese ist als "eine von vielen" zu verstehen und keinesfalls als die Beste, Einzige oder gar die Richtige, denn das Wunderbare an den Fabeln ist gerade die Vielfalt an Interpretationsmöglichkeiten. Folglich produziert jeder Leser ohne weiteres Zutun seine eigene Bedeutung, die auf seine Situation am besten passt.

Wir laden Sie ein zu einer Reise durch eine fabelhafte Welt und wünschen Ihnen in der Begegnung mit diesem nicht alltäglichen Literaturprojekt ganz persönliche "Schlüsselmomente" der Kommunikation.

Viel Spaß beim Lesen und Erinnern wünschen Ihnen

Rolf-Michael Hahn
Böblingen, im März 2002

Nicolai Stickel

Weshalb dieses Buch?

Kommunikationsliteratur gibt es reichlich. Aus diesem Grund sollte jedes Projekt kritisch daran gemessen werden, welchen Beitrag es leistet und wie es die bereits vorhandene Literatur ergänzt. Ansonsten bleibt es ein unscheinbares Sandkorn am Strand. So stellten wir zu Anfang unseres Schaffens die Frage, welche Lücke das Buch "Schlüsselmomente" füllen würde. Es war bald klar, dass es uns in diesem Buch nicht um die Entdeckung neuer Inhalte oder die innovative Erweiterung bestehender Kommunikationsthemen ging. Vielmehr suchten wir nach dem Novum in der Methode der Vermittlung. Wir suchten nach einer Methode, die nicht nur geeignet ist, Kommunikationsinhalte kurz und knapp auf den Punkt zu bringen, sondern die auch in der Lage ist, die berühmte "Übertragung in die Praxis" oder "Anwendung" optimal zu unterstützen. Das Ziel dieser Methode sollte sein, die Veränderung des eigenen Kommunikationsverhaltens auf eine neue Weise zu unterstützen.

Die Antwort auf diese Frage fanden wir in der Fabel als einer literarischen Kurzform, die in knapper, zugespitzter Form praktische Lebensweisheiten anschaulich vermittelt. Die Fabel gehört zur ältesten Gattung der Weltliteratur. Berühmt sind die "Äsopischen Fabeln", die von dem griechischen Sklaven Aesop im 6. Jahrhundert v. Chr. gesammelt und erfunden wurden, aber auch im Mittelalter waren Fabeln wegen ihres lehrhaften Charakters beliebt und wurden häufig als Teil der Predigtliteratur genutzt. Eine ihrer literarischen Höhepunkte erlebte die Fabel während der Aufklärung im 18. Jahrhundert. Heute, zu Beginn des 21. Jahrhunderts, steht die Fabel vor einer Renaissance, deren erste Blüten wir bereits erleben können. Weshalb?

Die Fabel für die Kommunikation

Im Zeitalter des Informationsüberangebotes und der Reizüberflutung steht die zwischenmenschliche Kommunikation vor einer großen Herausforderung. Die Menschen grenzen sich gegenüber Informationen systematisch ab. Es ist heute schwierig geworden, Menschen wirklich zu erreichen. Deshalb sind wir auch stetig auf der Suche nach neuen Methoden, um Inhalte zu vermitteln.

Die Fabel ist ein solches Medium, weil sie in dem Zusammenspiel von einer Handlungs- und einer Sinnebene arbeitet. Dabei spielt die Tiergeschichte selbst auf der Bildebene. Die Sinnebene erschließt sich aus der Übertragung des Fabelgeschehens auf menschliche Verhältnisse, meist die persönlich erlebten und beobachteten Situationen. Obwohl die Informationsvermittlung hier eine zusätzliche Ver- und Entschlüsselungsschleife mit einbaut, funktioniert die Übertragung sehr gut. Denn zum einen erlaubt die Fabel dem Autor simplifizierte und zugespitzte Aussagen und damit vor allem eine klare, unmissverständliche Botschaft, zum anderen erlaubt die Darstellung auf Bildebene ein Höchstmaß an individueller Adaption auf eigene Lebensverhältnisse und sichert damit eine maximale Treffsicherheit in der Interpretation. Dies macht die Fabel im Rahmen der Kommunikationslehre zu einem idealen Instrument.

Herkunft der Fabeln

Gab es nicht auch schon früher Fabeln, die – gewollt oder zufällig – Botschaften über Kommunikation verrieten? Das gab es ganz bestimmt. Und es wird nicht verwundern, dass sich auch in unseren Fabeln bekannte Fabelfiguren und typische Fabelkonstellationen begegnen. Dies ist kein Zufall, denn auch wenn in den meisten alten Fabeln die Vermittlung moralischer oder praktischer Lehrinhalte im Vordergrund steht, so können viele Tierdialoge auch unter kommunikationstechnischen Gesichtspunkten interessant sein. Oft ist es einfach eine Frage des Blickwinkels und der eigenen, bewusst oder unbewusst gesteuerten Übertragungsleistung.

Die Fabeln dieses Buches sind aber teilweise auch freie Erfindungen der Neuzeit, sozusagen das phantasievolle Produkt kreativer, literarischer Modellierung, um sicherzustellen, dass Inhalte auch diejenigen Botschaften transportieren, die von uns im Rahmen dieses Buches als wesentlich betrachtet werden. Ebenso wichtig war uns, dass verschiedene Fabeln auch verschiedene Interpretationsmuster zulassen würden und somit ein buntes Feld an möglichen Lerninhalten geboten wird.

DER HERRSCHER DES WALDES

Eine Geschichte vom Reden und Handeln

"Die Henne ist das
klügste Geschöpf im Tierreich.
Sie gackert erst,
nachdem das Ei gelegt ist."

Abraham Lincoln
Präsident der Vereinigten Staaten
von 1861 bis 1865

Der Wolf Apro träumte davon Herrscher des Waldes zu werden. Er wusste, dass er dies nur mit Verbündeten verwirklichen konnte und wollte deshalb ein großes Rudel gründen. Schon bald traf Apro auf eine Wölfin, die seinen Traum teilte. Als die Wölfin drei Junge gebar, schien das Glück vollkommen. Doch Vater und Mutter Wolf hatten keine Erfahrung, wie man Kinder nährt. Die Wolfsfamilie war in einem Futterengpass. "Wenn meine Kinder einen leeren Magen haben, werden sie mich nicht lange als ihren Herrscher akzeptieren", dachte sich Apro. Aber was sollten er und seine Frau tun?

Das wölfische Ehepaar führte lange Diskussionen. So manches Haarbüschel musste daran glauben. Da erinnerte sich Apros Frau an eine alte Weisheit: Der Wolf ist nur im Rudel stark. "Verstärkung ist genau das, was wir jetzt brauchen", sagte Apro. Nach kurzer Abstimmung mit Mutter Wolf war es beschlossene Sache: Die kleine Familie nahm drei junge Wölfe vom Nachbarwald auf. Diese sollten für die Ernährung der restlichen Familie sorgen – hofften die Eltern.

Doch diese Hoffnung entpuppte sich schnell als Seifenblase. Tage vergingen, ohne dass auch nur ein Wolf etwas zum Fressen gehabt hätte. "Warum geht ihr nicht jagen?", fragte Apro seine Adoptivkinder mit grimmiger Miene. Die schauten ihn aber mit großen Augen an: "Wir haben nie gelernt zu jagen. Unsere Eltern haben uns immer mitversorgt. Als wir uns eurer Familie anschlossen wussten wir nicht, dass wir als Jagdwölfe arbeiten müssen.

Wir suchten Spielkameraden, keine Sklaverei und Schufterei. Wenn ihr erfahrene Jagdwölfe gewollt habt, hättet ihr das sagen müssen!"

Die Enttäuschung bei Apro und seiner Frau war groß. Nur der Hunger war noch größer. Es musste dringend gehandelt werden. Erneut trat der Familienrat zusammen. Allen Mitgliedern war klar, dass die Familie nun so groß war, dass das zukünftige Futter mit akribischer Genauigkeit im Rudel aufgeteilt werden musste. Aber wie sollte eine gerechte Aufteilung erfolgen? Von seinem Rudel konnte Apro keine Hilfe erwarten. Denn alle waren so hungrig, dass jeder versucht hätte die Beute alleine zu verschlingen. "Wir werden einen weiteren Wolf in unsere Familie aufnehmen. Er wird für die Verteilung des Essens sorgen", beschloss Apro.

Doch damit war das eigentliche Problem noch immer nicht gelöst. Mutter Wolf fasste zusammen: "So kommen wir nicht weiter. Wir sind nun neun Wölfe, die aber alle nicht jagen können. Ich stelle den Antrag, das Rudel mit Wölfen zu erweitern, die auf das Jagen spezialisiert sind."

Aus eigener Lendenkraft zu wachsen, schloss Apros Familie aus Zeitgründen aus. Und so taten sie sich mit einem anderen Rudel zusammen, das aus siebzehn Wölfen bestand. In ihrem Heimatrevier genossen diese Tiere einen ausgezeichneten Jagd-Ruf. Was jedoch keiner wusste: Aufgrund einer längeren Dürrezeit war dieses Wolfsheer völlig ausgehungert. Sie stimmten der Rudelfusion nur zu, um das Überleben der eigenen Mitglieder kampflos zu sichern.

Das böse Erwachen aus dieser gegenseitigen missverständlichen Erwartungshaltung ließ nicht lange auf sich warten. Fünfundzwanzig Wölfen knurrte der Magen und Futter war noch immer nicht in Sicht.

Diskussionen waren nun bald nicht mehr möglich. Alle waren nervös und knurrten sich gegenseitig an. Bei Rudelsitzungen jaulten und brüllten die Wölfe durcheinander, so dass keiner mehr sein eigenes Wort verstehen konnte. Der Hunger hatte aus Apros Rudel einen chaotischen Haufen gemacht.

In diesem Chaos geschah etwas Schreckliches: Das Rudel fand eines Tages Mutter Wolf regungslos und völlig ausgedörrt an ihrer Schlafstelle. Sie war tot. Entsetzen verbreitete sich unter den Wölfen. Ihnen wurde klar, dass auch für sie jeder Tag der Letzte sein könnte. Es war Zeit für einen alles verändernden Beschluss. Nachdem sie Tag und Nacht tagten sprach Apro: "Wir werden einen ausgereiften Plan für die Futtersuche entwickeln. Bedingung dafür ist, dass die Streiterei aufhört. Jeder verträgt sich mit jedem." Das Rudel war einverstanden.

Am nächsten Tag war Apros Familie wie verwandelt. Jeder bemühte sich zuvorkommend zu sein und anderen Mitgliedern unter die Vorderbeine zu greifen. Schon nach kurzer Zeit konnte das Rudel seinen Plan "fit for food" vorstellen. Der Plan sah vor, eine Schafherde, die derzeit auf dem Durchzug

war und ganz in der Nähe Rast machte, zu reißen. Es schien, als ob die Wölfe tatsächlich einen Weg gefunden hatten an Futter heranzukommen.

Am Vorabend des großen Tages ging Apro mit zufriedener Miene über den Schlafplatz seines Rudels: "Anhänger habe ich nun genug. Sobald die Mägen gefüllt sind, werden wir so stark sein, dass wir nichts mehr fürchten müssen. Dann werde ich Herrscher des Waldes sein."

Um den Angriff auf die Schafe im Detail durchzugehen, machte sich Apro auf den Weg zum Schafsgehege. Dort schaute er sich alles nochmals genau an. Der Plan würde funktionieren. Alles war vorbereitet. Nichts konnte mehr schief gehen.

Voller Vorfreude kam Apro zu seinem Rudel zurück. Doch was er vor sich sah brachte sein Herz fast zum Stillstand. Völlig fassungslos blickte er umher. Dreiundzwanzig Wölfe, seine dreiundzwanzig Wölfe, lagen allesamt mit durchgebissener Kehle auf dem Boden. Apro ließ ein herzzerreißendes Jaulen erklingen, das durch Mark und Bein ging.

Ein Fuchs in XXXL-Ausmaßen mit blutiger Schnauze beobachtete das Szenario aus einiger Entfernung. "Hast du mein ganzes Rudel getötet?", fragte der Wolf mit erstickter Stimme. Der Fuchs drehte sich hochnäsig einmal im Kreis. "Keines deiner Tiere hat mir in letzter Zeit das Futter streitig gemacht. Ich wurde groß und stark, stark genug, um dein schwaches Rudel zu töten."

"Aber was hast du davon?" – "Ganz einfach: Ich hatte schon immer den Traum, Herrscher des Waldes zu sein.", erwiderte der Fuchs, "Dank eurer Untätigkeit ist mein Traum heute in Erfüllung gegangen."

Die Geschichte hinter der Geschichte

Kommunikation gehört heute längst zu den Tugenden eines Mitarbeiters. Sich mit Kollegen abstimmen, Mitarbeiter einweisen, die Bearbeitung von E-Mails, Telefonieren und in der Chefetage präsentieren sind heute ebenso wichtige Arbeitsinhalte wie Ergebnisse zu produzieren. Diesen Eindruck gewinnt man zumindest, schaut man in den Arbeitsalltag von Großorganisationen. Deshalb gehört die Wolfsgeschichte seit vielen Jahren in unser Geschichtenrepertoire und zählt in Seminaren auch zum Fabelklassiker. Und so macht die Geschichte bereits auch in vielen Organisationen die Runde, redselige Untätige werden als "Wölfe" beschrieben und in dem kleinen Konkurrenten auch schon mal ein möglicher "Fuchs" gesehen.
Sie greift Phänomene auf, denen wir täglich – besonders auch im Geschäftsleben – begegnen. Zum einen sei da der Konsensbildungswahn genannt, der in vielen Unternehmen durch hochkomplexe Entscheidungs- und Genehmigungsprozesse täglich aufs Neue gefördert wird. Zum anderen gibt es da das

Phänomen des Innovationsmutes oder auch des "Entscheidens in unsicheren Umständen". Die Wölfe versuchen vergebens, ihre Ausgangsposition zu einem erfolgreichen Handeln zu verbessern anstatt zu erkennen, dass der jetzige Moment besser ist als der spätere. Wir müssen nicht lange suchen, um die Parallelen vor Augen zu haben: Berater werden engagiert, obwohl das Ergebnis schon feststeht. Marktforschungen werden angestellt, obwohl deren Zusatzwert gegen Null tendiert. Mitarbeiter verwalten sich, ihre Prozesse und Probleme anstatt unternehmerisches Denken an den Tag zu legen. Allzu oft werden Symptome verwaltet und nicht deren Ursachen gelöst.

Die Geschichte erinnert uns daran,

dass auch Kommunikation nur ein Mittel ist etwas zu erreichen – dass ich aber immer wieder hinterfragen muss, wie ich am besten zum Ziel komme. Eben nicht nur durch Reden, sondern durch Taten.

DIE MAUS MAY

Die Grundhaltung als Ausgangspunkt jeder Kommunikation

Wenn man sich bewusst angewöhnt positiv zu denken und positiv zu sprechen, ergeben sich daraus wiederum positive Gefühle, die Positives bewirken.

Paul Wilson,
US-amerikanischer Erzähler,
Essayist und Aphoristiker

Das gemeinsame Frühstück war für die Mäuse das erste Ritual des Tages. Es war selbstverständlich, dass jeder half, den Frühstückstisch zu richten. Die meisten Mäuse taten dies auch gerne. May jedoch lehnte jegliche Arbeit am Morgen ab – aus Prinzip, wie sie stets betonte. Jeden Morgen setzte sie sich an den ungedeckten Frühstückstisch und wartete, bis die anderen Mäuse ein großes Büffet aufgebaut hatten, statt selbst Pfote anzulegen.

Die Aufforderungen der Obermaus gehörten schon zum täglichen Ablauf: "Warum hilfst du deinen Geschwistern nicht das Frühstück zu richten?" – "Ich bin eine Nachtmaus, keine Morgenmaus!", antwortete sie und ließ die Augen halb geschlossen.

Mittlerweile war der Tisch gefüllt mit reichhaltigen Speisen. Die Mäuse suchten ihre Plätze auf und begannen fröhlich zu schmausen. Die Stimmung war mausegut. Schließlich musste keiner befürchten, den Tag mit einem leeren Magen zu beginnen.

Nur May schien nicht zufrieden. "Marmelade!", rief sie in die Runde, "Wo ist Marmelade? Jeden Tag der gleiche Käse! Ich kann das Zeug nicht mehr sehen!" Nach dem Frühstück wollten sich die Mäuse auf Nahrungssuche begeben, doch auch damit war May nicht einverstanden: "Muss ich heute unbedingt auf Futtersuche gehen? Es reicht doch, wenn die anderen gehen!" Den Geschwistern war diese Einstellung fremd. Für sie war jede Futtersuche eine wundervolle Entdeckungsreise.

Nach dem Essen strömten die Bewohner aus ihren Höhlen in alle Richtungen aus, um Nahrung für den nächsten Tag zu suchen. Mit einem Seufzen erhob sich auch May. Sie entschloss sich, gemeinsam mit ihren Geschwistern Freumaus und Hellmaus auf Futtersuche zu gehen. So hatte sie wenigstens jemanden, mit dem sie während des langen Tages sprechen konnte.

May war für ihre Redseligkeit bekannt. Es gab immer etwas, das sie zu erzählen hatte, auch wenn der Wahrheitsgehalt bekanntermaßen stark schwankte. Heute morgen ließ sie sich über das Fell der benachbarten Feldmäuse aus. "Habt ihr gesehen, was die für eine hässliche Fellfarbe haben? Und wie die erst riechen! Da wird einem richtig schlecht! Kürzlich hat sogar einer aus dieser Bande versucht an unserem Frühstück teilzuhaben! Ich hab' es genau beobachtet!"

Kaum hatten sie die heimischen Gefilde verlassen, setzte May das Gespräch fort: "Habt ihr heute morgen gesehen, wie unsere Obermaus mich fertig gemacht hat? Die hat es auf mich abgesehen, das spüre ich. Von Nachbarmäusen habe ich erfahren, dass sie früher die eigenen Kinder geschlagen und in dunkle Gänge gesteckt hat."

Freumaus und Hellmaus wussten nicht recht, was sie von den Erzählungen halten sollten. Schließlich wusste jeder, dass May gerne zu Übertreibungen neigte.

Abends lag Hellmaus in ihrer Grube und grübelte. May wollte ihr nicht aus dem Kopf gehen. Wurde sie wirklich schlecht behandelt? War Obermaus wirklich in der Lage, so schreckliche Dinge zu tun? Hellmaus konnte sich das beim besten Willen nicht vorstellen. Warum erzählte May ihr solche Geschichten? Hellmaus war verwirrt. In der Nacht schlief sie sehr schlecht, weil sie von Alpträumen geplagt wurde.

Freumaus lag ebenfalls noch lange wach. Sie fragte sich, warum Mäuse so unterschiedlich waren. Sie war froh darüber, mit Hellmaus befreundet zu sein. "Hellmaus ist ganz anders als May. Sie hat immer ein aufbauendes Wort übrig und ist zuversichtlich, auch wenn die Futtersuche mal nicht ergiebig war. Wenn sie den ganzen Tag nichts zu Essen gefunden hatten, sagte Hellmaus immer: 'Umso mehr werden wir uns morgen freuen, wenn wir etwas Nahrung finden. Und ich sage dir, wir werden etwas finden!'"

Am nächsten Tag zogen die Mäuse erneut los, um Essen zu suchen. Dieses Mal schloss sich May zwei anderen Mäusen an. May erzählte auch ihnen die Geschichten, die bereits Freumaus und Hellmaus gehört hatten. Doch nicht genug: sie beschrieb hinter vorgehaltener Pfote noch andere Geheimnisse. Zum Beispiel, wer den Hausdienst versäumte, wer wohl heimlich vom Käse genascht hatte, und wer seine Schlafgrube nicht sauber hält. Anfangs hörten die beiden Mäuse genau zu und das bestätigte May darin, dass ihre Erzählungen wichtig waren.

So wiederholte sie immer und immer wieder ihre Geschichten und fügte jedes Mal noch weitere Ungeheuerlichkeiten hinzu. Doch mit der Zeit erkannten die Mäuse, dass die Erzählungen von May einseitig waren, dass sie übertrieb und an nieman-

dem ein gutes Haar ließ. Sie wurden misstrauisch und redeten nicht mehr mit ihr, weil sie Angst hatten, May würde hinter ihrem Rücken auch schlecht über sie reden und Gerüchte verbreiten. Und schon bald wollte niemand mehr zusammen mit May auf Futtersuche gehen.

So kam es, dass May eines Tages alleine im Mauseloch saß. Alle anderen waren schon ausgeschwärmt. Sie waren extra früher aufgestanden, um nicht mit May auf Futtersuche gehen zu müssen. Niemand wollte mit ihr frühstücken, niemand wollte mit ihr zu tun haben. In May stiegen Selbstmitleid und gewaltige Wut auf. Sie empfand Ungerechtigkeit und wollte den anderen Mäusen mal so richtig den Kopf waschen.

Am Abend konnte sie sich nicht mehr zurückhalten. Sie holte tief Luft, richtete sich so hoch auf, dass ihr Köpfchen über alle anderen ragte und sprach: "Ich muss euch nun etwas sagen! Bisher dachte ich immer, wir wären eine Familie, aber da habe ich mich wohl getäuscht. Wie kann man nur so rücksichtslos sein wie ihr! Schon morgens beim Frühstück beschimpft ihr mich, dann geht ihr ohne mich jagen und zu guter Letzt redet ihr nicht einmal mehr mit mir. Ihr seid nichts weiter als ein Haufen eingebildeter Egoisten, schämt euch! Und übrigens: ich hatte schon von Anfang an geahnt, dass mit euch etwas nicht stimmt. Die Nachbarmäuse glauben das auch. Nur, dass ihr's wisst!" Dann drehte sie sich zornig um, doch niemand hatte Mitleid mit ihr. Ihre Vorwürfe blieben ungehört. Zu lange hatten es die anderen Mäuse mit ihr versucht. Und so beschlossen sie, May zu verbannen.

Als May von dem Entschluss hörte, war sie nicht sonderlich überrascht. Sie hob ihre Augen, blickte in die Runde und sprach: "Ich habe mir gedacht, dass ihr nicht zu mir halten würdet. Ich hatte es mir gedacht!" May tapste in Richtung Ausgang. Dort drehte sie sich noch ein letztes Mal um und sagte: "Seht ihr, ich hatte recht."

Die Geschichte hinter der Geschichte

Dale Carnegies Gedanken darüber, wie man Beziehungen aufbaut und menschliches Handeln beeinflusst ("How to Win Friends and Influence People") waren für uns schon vor langer Zeit Anlass, etwas zu beobachten, was wir in diesem Zusammenhang "Bumerang-Effekt" nennen. Wie wirkt das, was wir sagen, auf uns zurück? Was denken die Leute über jemanden, der über seinen Kollegen schlecht redet? Wie verändert sich das Bild im Kopf eines Zuhörers bezüglich jemandem, der andere lobt? Wie wird jemand eingeschätzt, der zunächst immer die menschliche Seite sieht, bevor er über das Problem spricht? Wie wirkt es, wenn jemand versucht, besonders sachlich zu sein? Besonders unter Berücksichtigung der Tatsache, dass das Geschäftsleben täglich nach Beweisen für Qualität und Wert einer Leistung sucht. Soll man dann seine Kollegen eher loben oder die Arbeit seiner Kollegen eher kritisieren? Welches Licht wirft meine Aussage auf mich zurück?

Fabeln kommen ohne Happy End aus. Deshalb eignet sich die Fabel-Form auch so gut für die Geschichte der May, die einige Facetten des "Boomerang-Effektes" illustriert. Der "Bumerang-Effekt" kann dabei auf eine ganz einfache Formel gebracht werden: Wer etwas Negatives hört, schreibt dies nie ausschließlich dem Inhalt zu, sondern auch immer bis zu einem gewissen Grad dem Überbringer. Im Mittelalter wurden die Überbringer schlechter Nachrichten sogar geköpft. So sehr wir uns auch bemühen, den Inhalt von der Person zu trennen ("Don´t shoot the messanger!"), so menschlich – und oft auch intuitiv richtig – ist es doch auch, den Inhalt des Gesagten als einen Spiegel der Person zu sehen.

Wer also über andere Schlechtes sagt, sollte sich nicht darüber wundern, selbst im Schatten zu stehen. Wer seine Kollegen lobt, wird qualifizierter eingeschätzt als derjenige, der sie kritisiert. Wer sich positiv über andere äußert, wird selbst als sympathisch empfunden.

Auch Nicolai und ich hatten versucht, keine May zu sein und über uns oder über Dritte nur Positives zu sagen. Es versteht sich von selbst, dass wir dabei nicht bereit waren, beim Wahrheitsgehalt Abstriche zu machen. Was hatte

unser Vorhaben bewirkt? Auf der Suche nach
dem Positiven im anderen hatten wir auch
einen besseren, positiveren Eindruck vom
anderen gewonnen. Ärgernisse oder Missver-
ständnisse wurden nicht nur weniger, sondern
vor allem weniger gewichtig wahrgenommen.
Damit wurde die Beziehung gestärkt und vor
allem "wetterfest" gemacht.

Wir erkannten über die Zeit hinweg immer
deutlicher, wie nachhaltig es auf uns wirkte,
wenn jemand über Dritte negativ sprach. Wir
lernten, wie sehr diese Verhaltensweise genau
auf diese Person zurückfiel, die über den anderen schlecht sprach, und wie sehr eben dies
einen schlechten Eindruck über genau die
"schlecht" redende Person hinterließ. Wir
erkannten immer deutlicher die Wechselwir-
kung zwischen negativem Reden und negativem Denken und dass das eine seine Wirkung
auf das andere hat. Wir erkennen es heute als
eine intellektuelle Leistung an, die in manchen
Fällen durchaus Kraft und Aufwand erfordert,
sich immer wieder von Neuem auf das Positive
im anderen zu konzentrieren.

In der Geschichte wird klar, dass May diese Leistung nicht gelingt. Mit ihrer negativen Grundhaltung und der großen Lästerzunge manö-

vriert sie sich selbst ins soziale Aus. Auch bewirken ihre Mäkeleien und Beschimpfungen letztlich genau das Gegenteil dessen, was sie erreichen wollte. Jeder in der Gruppe sieht sich als Opfer von May, und Opfer halten für gewöhnlich zusammen. Hieraus entsteht sozialer Zusammenhalt und letztlich die Entscheidung für die "Exit-Strategie" von May.

Unser Fazit der Geschichte:

Nörgler, Meckerer und Gerüchte-Köche teilen leicht das Schicksal von May. Sie vereinsamen. Wer Beziehungsbrücken bauen und soziales Miteinander gestalten will, setzt auf die Kraft der positiven Grundeinstellung und in Folge auf die der positiven Kommunikation.

ALOA, DER FROSCH   TEIL 1

Über Sprachlosigkeit und Entfremdung

"Tue, was du fürchtest,
und die Furcht
wird dir fremd."

Dale Carnegie,
US-amerikanischer Psychologe
und Schriftsteller

Aloa war kein gewöhnlicher Frosch. Das erkannte man schon, bevor er überhaupt das Maul aufmachen konnte. Als Vertreter der Dendrobates auratus trug der Quaker eine auffallende Zebra-Musterung, die einem schon von weitem ins Auge stach. Türkis-grüne Flecken auf dem Rücken betonten außerdem seine optische Extravaganz. Einen solch besonderen Frosch hatten natürlich nicht die schlammigen Sümpfe Europas hervorgebracht. Vielmehr konnte die gestreifte Amphibie die für Träume sorgende Insel der Baströckchen als Heimat nennen: Aloa war auf Hawaii zuhause, genauer gesagt auf Lanai, einer Insel im Stillen Ozean, die den herkömmlichen Laubfröschen nur vom Hörensagen bekannt war.

Aloa dachte oft an seine Heimat und wurde dabei immer ganz wehmütig. Wie sehr vermisste er die großen Palmen, die dichten Büsche, den Duft nach exotischen Südfrüchten und das reichhaltige Essen! Aber das alles war schon lange vorbei. Stattdessen saß er nun mit einem Dutzend einfältiger Laubfrösche eingeschlossen in einem Glashaus, dessen Innenleben höchstens an eine verbrannte Mondlandschaft erinnerte. So langweilig wie die Landschaft verhielten sich auch Aloas Mitinsassen. Meistens saßen sie mit apathischem Blick unter einem der verdörrten Äste und warteten darauf, dass eine vom Äther beschwipste Fruchtfliege den Gefangenen einen Besuch abstatten durfte. Die Prozedur war jedes Mal die gleiche: Fliege torkelt herein, Frösche heben müde das linke Augenlid, leichtes Öffnen des Mundes, anschließendes Zungenchaos. Wörter wie Kreativität oder Aktivität schienen für die meisten dieser Laubfrösche gar nicht zu existieren. Viele von ihnen wurden sogar in diesem tristen Gefängnis geboren. Für Aloa eine erniedrigende Vorstellung.

Der exotische Frosch wusste, dass er der Einzige war, der die anderen aus dieser misslichen Lage befreien konnte. Er wollte ihnen helfen. Er wollte, dass seine Zeitgenossen das Leben kennen lernen, dass sie die Welt außerhalb des Glaskastens sehen. Er wollte ihnen zur Flucht verhelfen und hatte auch schon einen Plan:

Aus herumliegenden Stöckchen, Ästen, Blättern und Halmen ließe sich eine Art Drahtseilkonstruktion bauen. Diese würde durch das Terrarium reichen. Dann könnte einer nach dem anderen über die Froschleiter nach oben steigen, so dass nachher alle auf dem Drahtseil über dem Boden sitzen. Wenn auf Kommando alle hochspringen und so ihre gesamte Sprungkraft einsetzten, dann müsste sich der Deckel aus seiner Verankerung lösen lassen. Anschließend müsste man nur noch einen Ast in den Spalt schieben, so dass alle herausklettern können – ja, das müsste funktionieren!

Aloa erzählte den anderen Laubfröschen aber vorerst nichts darüber. Ein großer Revolutionär weiht schließlich nicht von Anfang an das Volk in seine Pläne ein. Erst wenn er alles vorbereitet hat, kann er auf die Kraft des Kollektivs setzen.

Sehr argwöhnisch beobachteten die grünen Hüpfer in den folgenden Tagen Aloas Treiben. Sie hielten Lola, wie sie ihn nachlässigerweise nannten, für einen Hans-guck-in-die-Luft,

einen Träumer. Manche schimpften ihn sogar einen Schma-
rotzer, weil er immer um die Häuser herumschlich, als ob er
etwas suchen würde. "Nicht nur, dass er so komisch aussieht,
jetzt schnüffelt er auch noch überall herum! So eine Unge-
heuerlichkeit, dieser Lola!" Aloa begründete sein Verhalten
noch immer nicht. Selbst wenn die Frösche nachdachten,
konnten sie sich nicht daran erinnern, dass Aloa überhaupt
jemals etwas gesagt hatte. Nur ein Grünmann hörte ihn einmal vor sich hin murmeln: "Viel zu wenig Äste hier." Dies
sorgte tagelang für Gesprächsstoff. "Ihm ist es also nicht gut
genug hier! Undankbares Wesen! Dabei haben wir uns um ihn
gesorgt, als ob er einer von uns wäre." Einmal fragte ein
Frosch Aloa, warum er immer so komisch herumschauen
würde. "Ich habe einen Plan." Mehr war aus dem Dendrobates auratus nicht herauszubringen. Das brachte die Frösche
noch mehr auf: "Hier drin macht man keine Pläne. Hier frisst
und stirbt man nur!" Ein anderer meinte: "Unser bunter Vogel
meint wohl, er ist was Besseres! In ein fremdes Terrarium
kommen und dann auch noch Pläne schmieden. Der soll sich
gefälligst anpassen!" Je länger sie sich über Aloa unterhielten,
desto gemeiner und intoleranter wurden sie. "Sein Tarnkleid
leuchtet ja wie eine Ampel im Laub. Wahrscheinlich hat seine
Mutter einen Frosch mit einem Papagei oder Zebra verwech-
selt!" Grölendes Gelächter folgte nach jedem dieser Sprüche.
Aloa spürte bald, dass ihn seine Kollegen misstrauisch beäug-
ten und er weniger denn je der Gemeinschaft angehörte. "Ich
muss mich mehr anstrengen.", dachte sich Aloa. "Je schneller

sie das Ergebnis meines Plans sehen, desto eher werden sie mich mögen. Ich werde auf keinen Fall irgendetwas sagen, sonst nehme ich ihnen ja die Überraschung."

Von nun an schuftete der gestreifte Frosch Tag und Nacht. Er gönnte sich kaum eine Pause. Was nicht passte wurde abgebissen. Zu kurze Halme wurden mit dem Gift zusammengeklebt, mit dem Aloa üblicherweise Feinde verjagte. Die Amphibie arbeitete gegen die Zeit und gegen die anderen Frösche, denn während er bis zur völligen Erschöpfung seinen Plan in die Wirklichkeit umzusetzen versuchte, begannen einige ihn zu sabotieren. Heimlich schlugen sie Teile der Astkonstruktion aus einander oder versteckten Blätter, so dass sie Aloa nicht finden konnte. Nach zwanzig Sonnenaufgängen, zahlreichen Schweißtropfen und geschwollenen Froschfingern war es endlich so weit: Aloa hatte sein Projekt vollendet. Jeder Stock stützte, wo er stützen sollte, jedes Blatt saß, wo es sitzen musste. Der große Tag war gekommen! Mit einem stolzen Grinsen stellte der Frosch die Froschleiter auf, kletterte hinauf und nahm auf seiner Konstruktion Platz, die wie ein Gerüst unter dem Dach des Terrariums aufgespannt war. Die Anstrengungen der letzten Tage waren ihm deutlich ins Gesicht geschrieben. Völlig abgemagert schienen nur die Tränensäcke zugenommen zu haben. Aloa holte tief Luft. Mit klaren Worten begann er: "Liebe Mitfrösche! Heute ist endlich der Tag gekommen, an dem ich euch in meinen Plan einweihen möchte. Ihr habt sicher bemerkt, wie hart ich gearbeitet habe. Nun, ich habe das für euch getan – für uns. Ich kenne das Leben in der freien Natur. Nun sollt auch ihr es kennen lernen. Diese Konstruktion ist für uns alle das Ticket in die Freiheit." Aloa erklärte den Laubfröschen seinen Plan bis ins kleinste Detail. Sie musterten ihn schweigend. Es war das erste Mal, dass der Fremde mit ihnen sprach.

Wider Erwarten gefiel den anderen Fröschen Aloas Plan aber gar nicht. Aus der Stille wurde allmählich ein verächtliches Räuspern und Tuscheln, aus den lauschenden Fröschen schnell ein aufgebrachter, quakender Haufen. "Wie stellst du dir das vor? Das hält doch nie!" "Wir sind doch keine Versuchskaninchen!" Andere riefen: "Wer hat dir überhaupt gesagt, dass wir hier raus wollen? Wir bleiben hier!" oder "Und wer gibt uns in deiner Freiheit zu essen?" Mehr und mehr Froschmänner äußerten lautstark ihre Bedenken. Schließlich blickte Aloa auf ein schimpfendes und schreiendes Meer grüner Hüpfer. Aus den verschiedenen Rufen formierte sich zunehmend eine Parole, welche die Gefühle der Amphibien

auf den Punkt und eine eindeutige Forderung mit sich brachte. Zuerst waren es nur wenige Stimmen, bald quakten die Frösche einheitlich im Chor: "Lola go home, Lola go home!" Aloa verstand die Welt nicht mehr. Warum freuten sich seine Kameraden nicht, sondern verurteilten ihn? Aber ohne die Hilfe der anderen war sein Plan nicht durchzuführen. Was hatte er nur falsch gemacht? Herunter konnte er auf jeden Fall nicht, denn die anderen würden ihn mit Sicherheit zu Froschschenkeln verarbeiten. Also saß er hier fest. Der Plan war doch so perfekt gewesen! Warum hatte er nicht funktioniert? Während Aloa sich auf seiner Konstruktion den Kopf zerbrach, öffnete sich mit einem Mal der Deckel des Terrariums und ehe er sich umsehen konnte, wurden er und seine Holzkonstruktion herausgenommen und in ein separates Glashaus gesetzt. Die Zweibeiner hatten wohl gesehen, dass der exotische Frosch ganz alleine auf ein paar Ästen saß und die einheimischen Frösche wegen ihm ganz aufgebracht waren. Da war es wohl besser, den Sonderling zu entfernen, bevor es ein Unglück gab.

Da saß Aloa nun, alleine mit einer Drahtseilkonstruktion. Doch mit dieser konnte er nun nichts mehr anfangen. Sein Plan beruhte darauf, dass alle Frösche gemeinsam das Dach heben, für ihn allein war dies nicht möglich. Sein Plan und somit das Bauwerk waren wertlos, völlig wertlos. Während Aloa versuchte das Chaos in seinem Kopf zu ordnen, wurden seine Augen immer schwerer. Schließlich schlief der Frosch ein und begann zu träumen.

ALOA, DER FROSCH   TEIL 2

Kommunikation
als Brückenbau

"Eine gute Führungskraft
gibt jedem Teammitglied das Gefühl,
es habe selbst entschieden."

Daniel Goeudevert,
französischer Ex-Manager

Aloa, der Frosch

Er träumte von seiner kleinen Heimatinsel Lanai mit den felsigen Küsten und den langen einsamen Stränden, welche das türkisfarbene Meer von den saftig grünen Hügeln im Inselinneren trennten. Hier war Aloa zuhause, hier fühlte er sich wohl.

Der Frosch saß auf einer Norfolk-Kiefer und ließ den Blick über den weiten Ozean schweifen. Nein, nie wieder würde er aufs Festland gehen, wo man mit anderen Laubfröschen in ein enges, ungemütliches Glashaus eingepfercht war und lethargisch auf eine alte Fruchtfliege hoffen musste.

Dem war Aloa erst gerade entflohen. Und er war sehr froh darüber. Zufrieden ließ er die frische Meeresluft durch seinen Mund gleiten. Es war wirklich toll, wie ihm die anderen Frösche geholfen hatten, die Freiheit wieder zu erlangen. Das war nicht selbstverständlich gewesen.

Aloa erinnerte sich genau an die erste Begegnung. Still lächelnd ließ er die Bilder noch einmal an sich vorbeiziehen. Als er zu den anderen Laubfröschen in das Terrarium gesetzt wurde, waren diese völlig schockiert. Er sah anders aus wie sie, hatte andere Essgewohnheiten und betonte außerdem das Quaken seltsam.

Aloa hatte bemerkt, dass ihn seine Kameraden argwöhnisch betrachteten und ihn jedes Mal, wenn er auftauchte, vom Scheitel bis zu den froschigen Füßen musterten. Aber er wusste, dass es für das Zusammenleben in dieser unfreiwilligen Gemeinschaft nur eine richtige Strategie gab: auf die anderen zugehen und ihnen die Angst nehmen, mit ihnen sprechen und ihnen ein offenes Ohr für ihre Probleme schenken. Aber bekanntlich ist aller Anfang schwer. Die Laubfrösche hatten bei Aloas Ankunft erfahren, dass er eine Giftspritze zur Verteidigung besaß. Wenn er ihnen begegnete, senkten sie entsprechend schnell den Kopf und versuchten ihr Möglichstes, um dem Fremden auszuweichen. Bei einem freundlichen Gruß zuckten sie, wie von einer Biene gestochen, zusammen und sprangen panisch beiseite.

Wenn Aloa sah, wie ihm seine Mitbewohner aus dem Weg gingen, packte ihn manchmal die Wut, doch dann erinnerte sich der gestreifte Hüpfer jedes Mal an ein Sprichwort aus seiner Heimat, das schon Generationen von Fröschen mit ins Leben gegeben wurde: "Wer nicht lernt, Brücken zu bauen, darf sich nicht wundern, wenn er in den Graben fällt." Nun endlich verstand Aloa diese weisen Worte. Er war fest entschlossen, eine Brücke zu seinen grünen Artgenossen zu errichten, denn das war die einzige Möglichkeit, mit ihnen in Kontakt zu treten.

In den folgenden Tagen hüpfte der Frosch mit besonders offenen Augen durch das Terrarium. Denn um eine Brücke bauen zu können, musste er irgendwo mit einem Stein anfangen. Es dauerte nicht lange und Aloa wusste, wo bei den anderen Mitinsassen der Schuh drückte: fleischige Fliegen waren rar geworden und wenn es welche gab, reichten sie nie für alle. Das wenige Essen, so hörte er heraus, müsste man dann auch noch mit einem teilen, der mit Gift hantieren konnte. Aloa verstand.

Als die Frösche das nächste Mal zusammen saßen und mühsam eine Drosophila auseinander nahmen, hielt der exotische Hüpfer die Zeit für reif, um den nächsten Schritt zu unternehmen. Vorsichtig näherte er sich den anderen und sprach mit klarer Stimme: "Liebe Kollegen, ich weiß, dass ihr nicht sonderlich begeistert über meine Anwesenheit seid. Vielleicht ginge es mir an eurer Stelle auch nicht anders, aber es besteht kein Grund zur Sorge. Es ist nicht in meinem Sinn euch euer Essen streitig zu machen, geschweige denn euer Zusammenleben zu stören. Vor meinem Gift braucht ihr euch nicht zu fürchten, damit tue ich euch nichts. Glaubt mir, ich habe es mir nicht ausgesucht hier zu wohnen, aber jetzt, wo ich schon mal hier bin, schlage ich vor, das Beste daraus zu machen. Ich will euch meine Hilfe anbieten, damit wir alle an Futter gelangen."

Die Frösche waren erstaunt. Soviel Sympathie und Entgegenkommen hatten sie von dem Fremden nicht erwartet. Einige senkten beschämt ihren Blick, hatten sie in Aloa bisher ja immer nur den Eindringling und Konkurrenten gesehen. Anderen war die Sache noch immer nicht geheuer. Ein besonders mutiger Grünmann aus der Menge rief: "Für einen Neuen riskierst du ja 'ne ganz schön große Lippe. Was hast du denn, was wir nicht haben?" Die anderen Frösche nickten. Aloa dachte kurz nach und erwiderte dann ruhig: "Einen Plan. Mit ihm wird es uns allen besser gehen."

Ein Raunen ging durch die Menge, hastig wurden einige Meinungen ausgetauscht. Schließlich trat der älteste der Frösche

hervor: "Lola, erzähl uns von deinem Plan!" Aloa trat zwei Schritte vor und begann zu sprechen. Er erklärte, zeichnete und beschrieb seine Idee von der Drahtseilkonstruktion bis tief in die Nacht hinein.

Von da an ging alles sehr schnell. Am nächsten Tag stürzten sich die Frösche in die Arbeit. Alle halfen, wo sie nur konnten. Die Jungen trugen kleine Blätter und kurze Halme zusammen, die Kräftigen transportierten Äste und Erde, die Geschickten fügten die Bestandteile sorgfältig zusammen, und die Schwindelfreien befestigten die Konstruktion an der Glashausdecke. Weil sich alle beteiligten, konnte Aloas Plan in Kürze ausgeführt werden: Am kommenden Morgen stand das Gerüst.

Ab diesem Moment verlief alles wie am Schnürchen. Folgende Bilder liefen ab: Zuerst, wie alle Frösche die Leiter emporstiegen und dann auf der Stange Platz nahmen, wie sie darauf achten mussten, dass keiner herabstürzt, wie sie alle auf Kommando ihre Sprungkraft bündelten und gemeinsam in die Höhe sprangen, wie der Terrariumdeckel mit einem lauten Knall vom Gefängnis fiel und sie anschließend einer nach dem anderen in die Freiheit sprangen.

Aloa wartete, bis alle Frösche das Terrarium verlassen hatten, bevor auch er die Leiter hochstieg. Die anderen drängten schon: "Komm schon! Komm!" Nur noch ein Schritt trennte ihn von der Freiheit – da, plötzlich wachte Aloa auf. Er war nicht frei, sondern befand sich alleine in einem kargen Terrarium. Zwei Glaswände trennten ihn von den Fröschen, mit denen er aus dem Gefängnis ausbrechen wollte. Diese schenkten ihm jedoch nur spöttische Blicke. Wie sehr wünschte sich Aloa, dass sein Traum zur Wirklichkeit geworden wäre.

Die Geschichte hinter der Geschichte

Was haben gute Nachbarschaft und kollegiale Teamarbeit gemein? Was ist die Grundlage erfolgreicher zwischenmenschlicher Beziehungen? Die Antwort ist: Kommunikation. Und so einfach dies auf dem Reißbrett aussieht, solch große Herausforderung birgt es in der täglichen Umsetzung.

Diese Herausforderungen lassen sich anhand eines metaphorischen Vergleichs deutlich machen, der seit Jahren einen Stammplatz in unserem Seminarrepertoire genießt. Die Rede ist vom Brückenbau. Fragen, Überlegungen und Charakteristika des Brückenbaus sind übertragbar auf den kommunikativen Alltag: Zu welchen Menschen möchte ich eine Brücke aufbauen? Was ist der Zweck dieser Brücke, was soll sie transportieren können? Wie lange soll sie halten, wie tief soll sie in mein Leben verankert werden? Kommunikation kann nur erfolgreich sein, wenn der Brückenbau zwischen zwei Menschen gelingt.

Im ersten Teil der Geschichte gelingt es Aloa aber nicht, eine solche Brücke aufzubauen. Er fürchtet sich vor der anderen

Seite (also den Laubfröschen), er geht auf Distanz. Auch wenn der Bau einer Fluchtkonstruktion durchaus ehrenwert und er den anderen Fröschen im Grunde wohlgesonnen ist, weiß niemand davon. In den Augen der Laubfrösche ist er ein Fremder, der fremd bleibt, weil er nicht spricht.

Als Aloa nach der Fertigstellung seines Werkes zu ihnen spricht, sind die wenigsten angetan. Kein Wunder, denn wenn Worte über den Graben transportiert werden sollen, ohne dass es eine Brücke gibt, gleicht die Sprache eher einem Steinwurf als einer willkommenen Botschaft.

Im zweiten Teil der Geschichte erlebt Aloa seine schicksalhafte Begegnung mit den Laubfröschen nochmals im Traum. Und weil er sich von Anfang an darauf besonnen, dass Brückenbau die Grundlage jeglichen Miteinanders ist, lässt er sich auch nicht von dem Umstand abschrecken, dass die anderen Frösche ihn bei dem Versuch des Brückenbaus nicht mit offenen Armen empfangen. Er versteht den Brückenbau als ein gewissenhaftes Bemühen, das nur gelingen kann, wenn Stein auf Stein gelegt wird und es somit für denjenigen am anderen Ufer sichtbar wird, dass hier jemand ernsthaft an einer verlässlichen Beziehung interessiert ist.

Für alle Beteiligten ist dies ein Schlüsselmoment, da von nun an die Geschichte einen anderen Verlauf nimmt. Diese neue Geschichte gipfelt sogar in der Freiheit für alle, was in Aloas Realität ein allzu weit entferntes Ziel geblieben ist. Aloa hatte eben nicht den richtigen Schlüssel im richtigen Moment zur Hand.

Über die Funktion der Kommunikation als Beziehungsbrücke hinaus eignet sich diese Geschichte für uns auch immer wieder, um das Thema "Zusammenarbeit in Organisationen" unter einem Aspekt zu beleuchten, den man neudeutsch "Involvement" nennt, also das bewusste Einbeziehen von Menschen in Zusammenhänge, von denen sie betroffen sind. Das Schlagwort "Betroffene zu Beteiligten machen" beschreibt, dass Mitarbeiter bessere Arbeitsbeiträge erbringen, wenn sie beispielsweise an Veränderungsprojekten beteiligt werden. Aber Aloas Erlebnisse sind auch für jeden Einzelnen nutzbar, der sich im Rahmen seiner beruflichen Anstrengungen überlegt, wie er noch erfolgreicher werden kann. Erfolg in sozialen Systemen ist nur selten das Ergebnis von Einzelleistung. Es ist vielmehr das Ergebnis von Zusammenarbeit mit vielen menschlichen Schnittstellen.

Wer Energie investiert,

um ein Meister des Brückenbaus zu werden, der hat die besten Voraussetzungen über und mit Hilfe dieser Brücken "mehr" zu bewegen.

DER KLEINE HUND SAMMY

Wie Vorurteile
die Kommunikation steuern

"Vorurteile sind wie ein Blumenstrauß,
den man wenigstens von Zeit zu Zeit
neu arrangieren sollte."

Luther Burbank,
US-amerikanischer Vererbungsforscher

Der kleine Hund Sammy

Als sich die ersten Sonnenstrahlen durch die dicke Wolkendecke kämpften, stand der kleine Hund Sammy am Fenster und wedelte freudig mit dem Schwanz. "Heute ist ein guter Tag zum Fährten schnuppern, Hühner jagen und Markierungen setzen", freute er sich, "wäre da nur nicht dieser große Köter, der seit kurzem Nachbars neuer Liebling ist!" Bei diesem Gedanken verdüsterte sich die Miene des kleinen Hundes.

Der neue Nachbar wurde "Waldi" genannt, was seine tatsächliche Statur allerdings verharmloste. In Sammys Augen handelte es sich um eine Beißmaschine. Ein Widerling, der King Kong und Minotaurus in sich vereinte. Waldi war eine echte Gefahr für die gesamte Welt und vor allem für ihn. "Große Hunde sind doch alle gleich.", sagte sich der kleine Vierbeiner. "Sie fressen Katzen, beißen Menschen und sind obendrein auch noch unberechenbar." So hatten es ihn zumindest seine Eltern gelehrt. "Wegen diesem Köter werde ich aber nicht auf ein ausgelassenes Hundeleben verzichten", dachte sich Sammy, "ich werde dieses Monster einfach meiden."

Kaum auf der freien Flur kam es, wie es kommen musste: Sammy traf auf seinen Feind Waldi. Einen Augenblick lang hatte er nicht aufgepasst und nun stand er vor ihm: schwarz, groß und zu allem bereit. Wie ein Hochhaus ragte er in die Höhe. Seine heraushängende Zunge hatte die Ausmaße eines riesigen, triefenden Waschlappens. Seine Fangzähne waren so groß, dass sich Sammy im Falle eines Falles Chancen ausrechnete in einer Zahnlücke Platz zu haben. Beißmaschine

stand ganz still da und fixierte ihn mit seinen Riesenaugen. Sammy schluckte. Zur Flucht war es zu spät. Also blieb nur noch der Angriff.

Bevor Waldi wusste wie ihm geschah, hagelten die schlimmsten Worte auf ihn ein: "Du hinterhältiger Pirat. Wie ein Feigling hast du dich angeschlichen! Du lauerst mir auf! Herzloser Gozilla! Gib doch zu, dass du kleine Hunde hasst!" Bevor Waldi so recht wusste was los war, rannte Sammy nach Hause, als ginge es um sein Leben.

Mit Tränen in den Augen blieb Waldi zurück, völlig fassungslos darüber, was gerade geschehen war. Er war so entsetzt, dass er keinen Laut herausbrachte und wie angewurzelt stehen blieb. Was er dem kleinen Hund getan hatte, wusste der große Vierbeiner nicht. Es war das erste Mal, dass sie sich getroffen hatten. Schließlich schlich Waldi winselnd ins Haus und lag den Rest des Tages in der Ecke.

Sammy kam sich vor wie David nach dem Kampf gegen Goliath. Er war ein kleiner Held. Hatte er doch die Welt – zumindest vorläufig – vor einem bösen Ungeheuer gerettet. Doch er wollte sich nicht in Sicherheit wiegen. Heute hatte er Beißmaschine in die Flucht schlagen und sich retten können. Doch wie würde es morgen oder übermorgen aussehen? "Noch einmal werde ich ihn nicht besiegen können. Er ist jetzt bestimmt richtig wütend auf mich und wird mich das nächste Mal einfach zerfleischen." Sammy war verzweifelt. Etliche Nächte schlug er sich um die Ohren und überlegte, was er nun tun sollte. Sammy hatte solche Angst, dass er schon davon träumte, durch Waldis Speiseröhre in den Magen zu rutschen.

Die nächste Zeit verließ Sammy das Haus nur noch im Notfall. Er hielt sich stets in der Nähe der Menschen auf, von denen er sich im Zweifelsfall Schutz erhoffte. Auch seine traditionellen Abendspaziergänge tauschte er gerne gegen den Schutz der Wohnstube ein. Und so lauschte er abends meist ohne größeres Interesse der Konversation von Herrchen und Frauchen. Heute war er jedoch ganz Ohr, denn Frauchen hatte den Namen "Waldi" erwähnt. Sammys Herz flatterte vor Aufregung. Er hörte, dass Waldis Herrchen "Urlaub ohne Hund" machen wolle und dass im Zeichen einer "guten Nachbarschaft" Waldi während dieser Zeit wohl "problemlos" in Sammys großem Korb Platz finden würde. Die beiden würden sich sicher gut verstehen! Sammy war außer sich. Seine Leute hatten ja keine Ahnung! Das war Sammys sicherer Tod.

Die nächsten Tage war Sammy wie paralysiert. Er lief mit starrem Blick durchs Haus, fraß kaum mehr etwas und wedelte nur selten mit dem Schwanz. Seine Lebensfreude war zerronnen. Er sah keinen Ausweg.

Da passierte eines Morgens etwas Schreckliches: Sammy wurde Zeuge einer üblen Bluttat. Er konnte sehen, wie ein wildes Ungeheuer aus dem Wald eine der Kühe riss, die hinter dem Haus weideten. Sammy war schockiert und wusste, dass er nun handeln musste. Er überlegte, dass er durch sein Bellen das Haus wecken könnte, um auf die Tat aufmerksam zu machen. Er hielt für einen Moment inne, denn, auch wenn ihm dieser Gedanke missfiel, konnte es vielleicht seine Rettung sein. Er hatte einen Plan, der sein Leben retten würde. Der Tod der Kuh würde damit wenigstens etwas Sinn erhalten. Sammy gab sich einen Ruck. Ohne zu bellen schlich er aus dem Haus geradewegs zu der toten Kuh. Dort sammelte er Dinge, von denen er glaubte, sie würden als "eindeutige Beweisstücke" nützlich sein und schlich mutig zu Waldis Hütte. Waldi schlief noch tief und fest. Er platzierte die Beweisstücke hinter Waldis Heim und verschwand heimlich, still und leise zurück ins Haus. Dort bellte und jaulte er, als drohte die Welt unmittelbar in tausend Stücke zu zerbrechen. Es kostete ihn einiges an Stimme, bis er die Aufmerksamkeit seines Herrchens auf das Schicksal der Kuh gelenkt hatte, aber von diesem Augenblick an war die Sache ein Selbstläufer. Der Zorn der Familie war erschütternd. Die Suche nach einem Schuldigen führte schon bald zu Waldi, denn die Beweisstücke hinter dessen Hütte schienen eindeutig. Am Abend wurde der Beschluss gefasst: Waldi muss sterben.

Bis der Jäger jedoch kommen konnte, um Waldis Schicksal zu besiegeln, sollten noch einige Tage vergehen. Waldi wurde zum Schutze der Gemeinschaft in einen Zwinger gesperrt, gesichert mit Ketten und Eisentoren. Sammy atmete auf. Während jedoch alle Sorgen und Ängste Sammys von seinen Schultern fielen, tauchten neue Gedanken auf, die er zuvor nicht gekannt hatte. Er sorgte sich um Waldi, hatte Gewissensbisse, fühlte sich schuldig. Natürlich wusste er, wie gefährlich Waldi war, aber irgendwie … Sammy wollte einen Blick riskieren – aus sicherer Entfernung, versteht sich.

Er schlich auf das Nachbargrundstück, ließ aber seinen Kopf nur kurz hinter der Hausmauer hervorschauen. Gerade so lange, dass er den Zwinger sehen konnte. Da lag das Monster

schwarz und groß, aber hinter Gittern! Vorsichtig machte Sammy einige Schritte nach vorne. Waldi erkannte ihn, stand auf und kam ganz nah an die Gitterstäbe heran. Sammy verharrte. Würde Waldi nun den Käfig zerstören? Wäre er in der Lage Eisenstäbe zu verbiegen? Komischerweise schien Waldi gar nicht zornig. Er gab Sammy ein Zeichen, dass er näher kommen sollte und sprach: "Lieber Sammy, ich muss dir etwas sagen. Mir ist etwas Schreckliches passiert. Ich habe eine Kuh gerissen. Wahrscheinlich bin ich schlafgewandelt – war im Traum, an den ich mich nicht erinnern kann. Man wird mich erschießen müssen. Dabei hatte ich mich so auf dich und unseren gemeinsamen Urlaub bei dir zuhause gefreut. Ich hoffte Gelegenheit zu haben dir zu beweisen, dass du keine Angst vor mir haben musst. Ich bin zwar groß und schwarz, aber weder kampflustig noch kampferprobt. Ich suche Harmonie und Frieden. Wir wären sicher gute Freunde geworden!"

Da wurde Sammy ganz klein und blass. Er wünschte sich einzuschlafen und nie mehr aufzuwachen. Er schämte sich bis in den Himmel und wieder zurück. Waldi schien gar nicht der zu sein, für den er ihn gehalten hatte. Wie konnte all das nur passieren?

"Das tut mir leid!", stotterte Sammy, "Das tut mir so leid!"

Waldi streckte seine rechte Pfote durch die Gitterstäbe und legte sie Sammy auf die Schulter: "Du kannst nichts dafür, Sammy. Und wenn ich wirklich ein Schlafwandler bin der nachts solch' schreckliche Dinge tut, dann solltest du vielleicht froh darüber sein. Wer weiß, sonst hätte ich dir im Urlaub vielleicht gar etwas angetan!"

An diesem Abend ging Sammy nicht schlafen. Er hatte etwas gut zu machen und blieb wach, bis alle schliefen…

Die Geschichte hinter der Geschichte

Eine der wichtigsten kognitiven Überlebensstrategien ist das Spiel mit Annahmen. Wir erwerben sie im Lauf der Sozialisation, um unser Denken und Handeln darauf aufbauen zu können. Manche erweisen sich als hilfreich (rote Herdplatten sind heiß), andere als falsch (große schwarze Hunde sind gefährlich). Die zentrale Frage ist: Welche sind richtig und welche falsch? Wie können Falsche korrigiert werden? Und wie kann Kommunikation, wenn überhaupt, helfen, auf Basis "positiver" Annahmen anders zu denken und zu handeln?

Es gilt: "Wenn du dein Verhalten ändern willst, beginne mit deiner Sprache!" Einer meiner Kollegen beherrscht den Umgang mit Urteil und Vorurteil vorbildlich. Er achtet immer peinlich genau darauf, dass er mit seiner Sprache nur wiedergibt, was er zu diesem Zeitpunkt wirklich weiß. Er würde beispielsweise niemals sagen "es regnet", wenn ihm eine Kollegin von draußen kommend mitgeteilt hat "es regnet". Seine Formulierung wäre etwa: "Kollegin X sagt, es regnet." oder "Ich habe gehört, dass es regnet". Auch wenn im Falle des

Wetters die Unterscheidung nichtig erscheint, ist dies der erste Schritt, Fakt und Fiktion, Urteil und Vorurteil, gesicherte Tatsache und unbestätigte Annahme auseinander zu halten. Wenn Klein-Sammy im Angesicht von Waldi gesagt hätte "Ich habe bisher schlechte Erfahrungen mit großen Hunden gemacht und da dieser Hund ebenfalls groß ist, glaube ich, dass ich wieder schlechte Erfahrungen machen werde", so hätte er sein Vorurteil zumindest ausgesprochen und es sich damit bewusst gemacht. Als Nächstes hätte er sicher nach Gelegenheiten gesucht, dieses Vorurteil zu bestätigt zu sehen, was ihm wahrscheinlich, aufgrund des liebenswürdigen Verhaltens von Waldi, nicht gelungen wäre. Damit wäre sein Vorurteil revidiert worden und Waldi wäre nicht in die Todeszelle gekommen.

Wir sehen die Geschichte

von Sammy und Waldi immer wieder als Aufruf, anderen Menschen vorurteilsfrei gegenüber zu treten. Hierzu müssen wir mit unserer eigenen Meinung so kritisch umgehen, wie mit der Meinung anderer und in einem gesunden Maße das Bild, das wir uns von der Welt und unseren Mitmenschen machen, immer wieder kritisch hinterfragen.

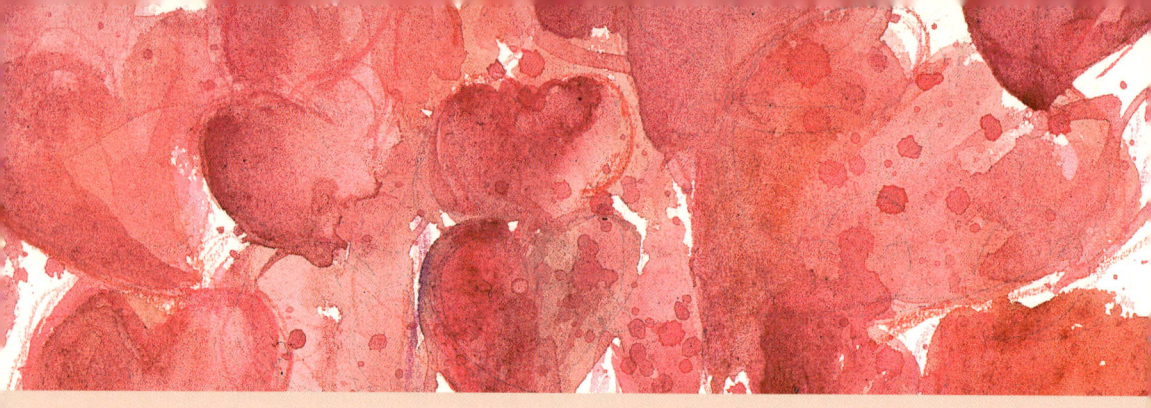

VLADIMIR UND APHRODITE

Kommunikation
zwischen Mann und Frau

Vladimir und Aphrodite

"Die einzige Hoffnung
auf Freude liegt in den
menschlichen Beziehungen."

Antoine de Saint-Exupèry,
französischer Schriftsteller

Es war ein warmer Sommertag. Die Sonnenstrahlen lockten unzählige Menschen in den Park. Sie bevölkerten den Rasen und die Wege in Scharen. Um sich dem Trubel und der Hitze zu entziehen, suchte Vladimir ein schattiges Plätzchen im Schutze der Orangerie. Von dort aus hatte er einen direkten Blick auf den liebevoll gepflegten Ziergarten, durch den so manches Eichhörnchen huschte. Dahinter zeichnete sich die Silhouette eines herrschaftlichen Hauses ab. Dunkle Klinkersteine, weiße Fensterrahmen und die hellen Kieselsteinwege zeigten, wo man sich befand. Kensington Park war kein gewöhnliches Entenrevier.

Das wusste Vladimir bereits, als er damals mit zitternden Knien seine angebetete Aphrodite zum ersten Mal in ihrem Heim besuchte. Aphrodite war eine "Royal", wie man die Enten im Kensington Park auch nannte. Unter den herkömmlichen Enten kursierten die wildesten Gerüchte und Geschichten, was die Blaublüter von den Bürgerlichen unterschied. Seit Vladimir in die Familie aufgenommen war, wusste er, dass die meisten Geschichten, die man sich außerhalb der schmiedeeisernen Tore erzählte, nicht wahr waren. Der Teich war nicht auf gleichbleibende 22,5 Grad gewärmt und die Futterkörner stammten auch nicht vom Biobauern. Eigentlich war hier alles ganz normal. Naja, fast. Ein bisschen etwas Besonderes war man ja schon.

Während er die Aussicht auf den Ziergarten genoss, ließ er seinen Gedanken freien Lauf und bemerkte gar nicht, dass sich Aphrodite langsam näherte. Sie legte sich neben ihn, streichelte mit ihrem Schnabel sanft sein Federkleid und säuselte: "Erinnerst du dich noch an damals?" Vladimir kuschelte sich zufrieden an Aphrodite. Er freute sich über ihre zärtliche Geste, denn das hatte sie schon lange nicht mehr gemacht. Oft dachte er an die Zeit, als sie wie zwei Turteltäubchen durch die Londoner Parks gezogen waren.

Während sie die traute Zweisamkeit genossen, folgten ihre Blicke dem emsigen Treiben im Ziergarten. Die jungen Entenkinder schnatterten, watschelten und stolperten umeinander, als wäre die Welt ein einziger Spielplatz.

"Wenn du genau hinschaust, fällt dir dann etwas auf, Vladimir?", fragte Aphrodite und zeigte auf eine Schar junger Enten. "Was meinst du?" – "Ich denke, wir haben unsere Kleinen, egal ob Mädchen oder Junge, gleichermaßen erzogen. Wenn man sie aber jetzt spielen sieht, dann sitzen die kleinen Damen im Kreis und kichern, während die jungen Erpel um die Wette watscheln, raufen und die Damen ärgern. Warum?"

"Ich glaube, Enten und Erpel sind einfach verschieden. Es wird die Zeit kommen, da werden sie sich über diesen Unterschied freuen. Aber dann kommt auch eine Zeit, da wird der Unterschied zur gemeinsamen Herausforderung. So wie es auch bei uns war." Aphrodite wusste genau, wovon ihr Erpel sprach, denn seit Vladimir zu ihr in den Park gezogen war, hatte sich vieles verändert.

Anfangs schienen sie sich mit ihren Worten zu liebkosen. Worte der Sanftmut und des Verständnisses übertrafen sich gegenseitig. Kein Wort des Missmutes fiel, Großzügigkeit und

Toleranz beherrschten den Ton. Verletzende Worte vermieden beide rücksichtsvoll. Dies war das erste Jahr.

Aber bereits im zweiten Jahr traten die Herausforderungen des Alltags stärker hervor. Probleme mussten gelöst werden, Interessen standen sich im Weg. Während Vladimir regelmäßig seine ursprüngliche Heimat im entlegenen Regent Park besuchen wollte, forderte Aphrodite mehr Einsatz beim Nestbau. Bald wichen die Worte der Zuneigung denen des Alltags. Wo früher eine Überdosis Toleranz die Situation betäubte, wurde heute die Sprache rauer und direkter. Die Stimmen von Vladimir und Aphrodite waren merklich härter geworden. In manchen Momenten schienen sie kalt wie Eis.

Sie hatten sich aneinander gewöhnt. Längst nannte er sie nicht mehr "Honey" oder "Darling". Unterhielt er sich mit anderen über sie, sprach er von seiner Frau und nicht von Aphrodite (brachte dies doch das Besitzverhältnis viel klarer zum Ausdruck als der Name). Das dritte Jahr bescherte nochmals neue Herausforderungen. Die ersten Jungen belebten das Nest. Aphrodite forderte tatkräftige Unterstützung, sie erwartete mehr Mithilfe und Schutz von Vladimir.

Mit der Zeit entfernten sie sich immer weiter voneinander. Sie sprachen nur noch das Nötigste, selbst die Gefühle füreinander und die Bewunderung wichen mehr und mehr einem Eindruck der gegenseitigen Last. Wie sehr sehnten sich doch beide zurück in die Zeit des unbekümmerten Single-Daseins. Aphrodite träumte von den gepflegten sonntäglichen Konversationen im Kreise der Royals und von Erpeln, die sich in ihrer Kreativität ihr zu gefallen, übertrumpften. Vladimir träumte von einem unkomplizierten Leben ohne Vorwürfe, überzogene Erwartungshaltungen und emotionale Konflikte. So träumte jeder einen anderen Traum.

"Ich erinnere mich noch daran", sagte Aphrodite, "dass du zu mir immer gesagt hast, ich soll mich endlich klar und deutlich ausdrücken und nicht immer nur 'Andeutungen um drei Ecken' machen." Vladimir lehnte seinen Kopf auf den von Aphrodite und nickte. "Daraufhin habe ich dir gesagt, was ich denke und du bist fast in die Luft gegangen..." – "Ja, du hättest es ja nicht gleich vor versammelter Enten-Mannschaft sagen müssen!" Die beiden mussten lachen. "Aber deine Entenweiber wussten ohnehin bereits alle Bescheid." sagte Vladimir. "Du warst ja oft genug mit ihnen zusammen und hattest ihnen das Neuste aus unserem ehelichen Enten-Theater schon berichtet." Aphrodite wurde nachdenklich: "Ja, mit dir konnte ich ja damals nicht über diese Dinge sprechen. Du hast meine Sorgen nicht ernst genommen." – "Das ist schon richtig", antwortete Vladimir, "manche Sorgen kamen mir nicht wichtig vor und fast immer machte ich dir auch Vorschläge, wie du ein Problem lösen könntest und ich hatte nie den Eindruck, dass du darauf eingehst." – "Ich weiß, Vladimir. Aber wir Enten suchen nicht immer nach einem Rat oder einer Lösung." – "Ich weiß Aphrodite, ihr wollt einfach nur reden." "Aber das war letztes Jahr.", sagte Vladimir und legte seinen rechten Flügel um Aphrodites Federkleid. "Ja, das war im letzten Sommer." Aphrodite musste daran denken, wie sich letzten Endes doch noch alles zum Guten gewandt hatte.

Im Herbst des vorigen Jahres hatten sie ein einschneidendes Erlebnis: Nach einem der nun üblichen Kampf-dialoge flüchtete Vladimir in seine Heimat, ungefähr eine halbe Flugstun-de entfernt, während Aphrodite mit ihren Gedanken alleine blieb. Da passierte es, dass Aphrodite von Menschen angegriffen wurde. Sie nannten sie "Süß-Sauer" und jagten sie mit Netzen und Käschern. Durch einen schweren Schlag mit dem Fangnetz wurde sie verletzt und konnte nicht mehr fliegen und so jagten sie die Fänger eine halbe Stunde durch den Park, bis Aphrodite irgendwann erschöpft zusammenbrach und sich einfangen ließ.

In diesem Augenblick kam Vladimir zurück. Normalerweise hatte er grossen Respekt vor Menschen (zuhause nannte man ihn auch Schisshase), doch jetzt nahm er ohne nachzuden-ken all seinen Mut zusammen, flog im Sturzflug auf die Fänger und pickte

ihnen, so fest und wild er konnte, geradewegs auf den Kopf. Das war Aphrodites Rettung – seine übrigens auch. Schnell wurde beiden bewusst, dass ihnen nur der Zufall aus dieser Situation geholfen hatte. Während Aphrodite von Vladimir gesund gepflegt wurde, hatten sie zahlreiche lange Gespräche über sich und ihre gemeinsame Zukunft. Sie schmiedeten Pläne und gute Vorsätze. Sie wollten ihr gemeinsames Leben neu entdecken und sich gegenseitig wieder schätzen lernen. Sie konnten den Alltag kaum erwarten, um die vielen Pläne auch in die Tat umsetzen zu können. Vladimir und Aphrodite wussten, dass sie nach wie vor verschieden waren, aber jetzt konnten es beide schätzen.

Die Geschichte hinter der Geschichte

Welche Partnerschaft kennt nicht den Zahn der Zeit. Oft ist Kommunikation hierbei Spiegel dieser Veränderung, oft aber auch der Grund, meist jedoch beides. Dies macht Kommunikation zu einem "kritischen Erfolgsfaktor" für das Projekt "Beziehung" – im Übrigen: für Beziehungen jeglicher Art. In Partnerschaften kommt der Erfolg oder Misserfolg der Kommunikation jedoch am deutlichsten zum Ausdruck.
Vladimir und Aphrodite haben nach leidvollen Ereignissen schließlich den Schlüssel für erfolgreiche Kommunikation in ihrer Beziehung entdeckt. Dabei spielen Gesten, also die non-

verbale Kommunikation, eine entscheidende Rolle. Dass Aphrodite Vladimirs Nähe sucht und dass er seinen Kopf auf ihre Schultern legt sind kleine Gesten mit großer Wirkung. Und diese Gesten sind eben nicht nur Ausdruck (Ergebnis) eines Gefühlszustandes, sondern auch Ausgangspunkt und Anstoß für einen neuen Gefühlszustand. Wer weiß nicht, dass man sich anders fühlt, wenn einem die oder der Angebetete den Arm um die Schulter legt. Diese Gesten verändern die Gefühlslage, initiieren also neue Gefühle, Gedanken und andere Worte. Inzwischen lernt jeder Verkäufer, dass ein gewisses Maß an Tuchfühlung (Handschlag, kurze Berührung im Gespräch) das Befinden des Kunden verändert und zu einer höheren Kaufwahrscheinlichkeit führt.

Natürlich gilt dies nicht nur für die körperliche Berührung, sondern ebenso für Gesten ohne Berührung wie Augenbrauen hochziehen, mit der Hand abwinken, weglaufen, um einige Negativbeispiele zu nennen und erst recht für die verbale Kommunikation.

Was könnte ein besserer Beweis dafür sein, dass Kommunikation die Welt verändert?

Vladimir und Aphrodite hatten lange gebraucht, um Kommunikation als einen Schlüssel zum Erfolg für ihre Beziehung zu entdecken. Zuerst mussten sie erleben, wie sie sich zunehmend auseinander lebten und die gegenseitige Unterhaltung fast unmöglich wurde. Sprache wurde zum Problem! Je schwieriger die Umstände, desto deutlicher kommen die Unterschiede männlicher und weiblicher Kommunikationsstile zum Tragen. Die beiden Enten sprechen einige Besonderheiten an, mit denen sie nicht zurecht kamen.

Dazu gehört auch, dass Frauen Wünsche anders äußern als Männer, dass ihnen das Beziehungsleben wichtiger ist als ihren männlichen Kollegen und dass sie vielmals weicher, indirekter und impliziter kommunizieren. Neben diesen Unterschieden gibt es noch viele weitere, die weder notwendigerweise bei jeder Frau ausgeprägt sind, geschweige denn immer zum Problem werden müssen, aber sich eben doch häufig von der Kommunikation der Männer unterscheiden.

Die Conclusio hinter der Geschichte:

 Man (und Frau) sollte nicht davon ausgehen, dass die eigene Kommunikation vom jeweiligen Gegenüber so aufgenommen und verstanden wird, wie sie ursprünglich gemeint war. Wenn diese Unterschiede kreativ genutzt werden, anstatt aus der Unterschiedlichkeit eine Unüberwindbarkeit entstehen zu lassen, dann wird Sprache zum Instrument erfolgreicher Beziehungsarbeit.

BENNI, DER HAHN

Sprache als Werkzeug menschlicher Entscheidungsprozesse

"Es werden weniger runde Tische, dafür aber mehr eckige Entscheidungen benötigt."

Hans-Olaf Henkel
ehem. Präsident des
Bundesverbandes der Deutschen
Industrie (BDI)

Noch herrschte Stille. Über den Dächern schien der Rauch aus den Schornsteinen zu tanzen, lediglich die einbrechenden, glitzernden Strahlen der aufgehenden Sonne störten den Rhythmus. Benni, der langjährige und treue Hofwächter, stellte sich auf einen typischen Adventssonntag ein: verspätetes Frühstück, viel Trubel im Haus, kollektives Plätzchenessen und gefrorene Grashalme auf dem Feld.

Benni krähte seinen obligatorischen Morgenruf und mit jedem Sonnenstrahl erwachten auch die Ställe nach und nach zum Leben. Der Esel hinterließ mit einem lautstarken Tritt ein Autogramm auf der Stalltür, die Hühner gackerten um die Wette, die Kühe ließen ein beherztes "Muh" verlauten und auch die restlichen Tiere taten das ihrige, um den neuen Tag zu begrüßen.

Benni genoss auf dem Bauernhof besondere Privilegien, von denen seine Kameraden nur träumen konnten. Und dieser Sonderstellung war sich der Hahn auch bewusst. Schließlich durfte nur er frei herumlaufen. Und während sich im Sommer das Leben hauptsächlich draußen abspielte, dinierte er auch

schon mal
mit der Hof-
dame oder ge-
sellte sich zum
Gutsbesitzer,
der am Abend
gemütlich eine
Pfeife rauchte.
Niemand sonst
konnte auf sei-
ne Herren so Ein-
fluss nehmen wie
der Gockel und das ließ dieser auch
nicht ungenutzt. Natürlich hätte er sich
etwas auf seinen Status und seinen extra-
vaganten Lebensstil einbilden können, doch
Benni zeigte Stil: Teamgeist und Selbstlosigkeit
waren für ihn wichtige Prinzipien und das machte ihn bei den anderen Tieren sehr beliebt. Die
Geschichte von der Rettung eines Lammes, indem er
die Hausherren mitten in der Nacht lautstark aus dem
Bett gekräht hatte, war in den Ställen mittlerweile bekannt

und wurde immer wieder gerne erzählt.

Vor allem zur Weihnachtszeit zeigte sich der Hahn solidarisch: Jedes Jahr gewährten ihm die Hofbesitzer einen Wunsch. Doch statt diesen für sich selbst zu nutzen, reichte er den Wunsch an all die anderen Tiere im Stall weiter. Er sammelte die Bedürfnisse der Tiere, wählte das Dringlichste aus und trug dies dann unter dem Christbaum vor.

Da Weihnachten nun wieder vor der Tür stand, besuchte Benni seine Freunde, um die Wunschliste aufzustellen. Zuerst ging er zu den Schweinen. "Was wünscht ihr euch dieses Jahr?" Der Vorsteher der Rüsseltiere trat schüchtern vor und grunzte: "Eigentlich und in Anbetracht dessen, dass irgendwie die Kühe von nebenan immer raus gehen… naja, es muss ja nicht gleich sein, aber man kann davon ausgehen, dass auch wir es äußerst angenehm finden würden und es außerdem zu schätzen wüssten, wenn sich die Möglichkeit ergäbe, dass auch wir unter Umständen im Sommer draußen im Freien sein könnten." Benni notierte. "Ihr wisst, ich muss mich für ein Anliegen entscheiden, aber wenn euer Wunsch dieses Jahr der Wichtigste auf dem Hof ist, werde ich ihn im Haus vortragen." Damit verabschiedete sich der Hahn.

Anschließend besuchte er die Kühe. "Welchen Wunsch habt ihr?" Die Euterträgerinnen lächelten Benni selig an. Sie hatten sich in diesem Jahr etwas ganz Besonderes ausgedacht. Noch bevor der Hahn einmal Kikeriki sagen konnte, hatten sich die lebenden Milchmaschinen auf vier Stufen verteilt und sangen im Chor inbrünstig: "We are dreaming of a Fliegengitter, we are dreaming of a Fliegengitter".

Als nächstes waren die Hühner an der Reihe. Von ihnen wurde Benni mit einem aufgeregten Gegacker empfangen. Völlig hysterisch purzelten sie übereinander, drängten sich gegenseitig an den Zaun und stießen jede, die sich ihnen in den Weg stellte, zurück in die Legebatterie. Hauptsache, sie kamen nahe an den Wunschboten heran. Ein Huhn schrie mit greller Stimme: "Ich will hier raus!" Ein anderes antwortete: "Ich verspreche dir, du kommst raus – und zwar direkt in den Suppentopf!" Die anderen Hennen kicherten albern. "Au ja, Gerda soll in den Suppentopf!" Währenddessen hatte es ein anderes Huhn geschafft, sich ein wenig in die Luft zu erheben. Direkt über ihren Kolleginnen stürzte sie sich im Kamikazeflug abwärts und pickte so lange auf deren Köpfe ein, bis sie zur Seite wichen. "Ich will ab morgen Vollkornnahrung. Jedes teure Huhn bekommt Vollkornnahrung. Ich bin ein Edelhuhn und möchte auch als solches behandelt werden, jawohl!" Da erhob sich die "Weiße Eier Fraktion" (WEF) und startete eine wüste Pickattacke bis das elitäre Schicki-Micki-Huhn blutig in die Flucht geschlagen war.

Benni schaute sich das Schauspiel kopfschüttelnd an und ging schließlich, ohne ein Wort gesagt zu haben, von dannen. Ein kleines Küken piepste ihm noch leise nach: "Wir Kleinen haben zu wenig Essen. Wenn wir bis Weihnachten keine Hilfe bekommen, werden wir Neujahr nicht erleben." Doch das Küken konnte der geflügelte Hofwächter nicht mehr hören – die hysterischen Hühner übertönten es.

Schließlich begab sich der Hahn zu Esel Charles. Auch ihn

fragte Benni: "Wie lautet dein diesjähriger Wunsch?" Charles kam geradewegs auf ihn zu. "Benni, ich freue mich, dass du mich danach fragst, denn mein Anliegen ist dieses Jahr sehr wichtig. Wir alle wissen, dass die Bäuerin nicht mehr die Jüngste ist. Sie ist alt und krank und kann die Feldarbeit kaum noch bewältigen. Wenn sich der Bauer einen Traktor kaufen würde, wäre seine Frau entlastet und könnte sich mehr um uns Tiere kümmern. Davon würden wir alle profitieren."

Als Benni zurück ins Haus ging, dachte er über die einzelnen Wünsche der verschiedenen Tiere nach. Es fiel ihm nicht schwer, den Besten auszuwählen. Schnurstracks steuerte er auf den Weihnachtsbaum zu, wo bereits die Familie auf ihn wartete. Der Bauer beugte sich zu ihm herab und sprach wie jedes Jahr: "Benni, bald ist Weihnachten, und du darfst dir etwas wünschen." Der Hahn konnte es kaum erwarten seinen Wunsch loszuwerden und fiel seinem Herrchen beinahe ins Wort: "Wir Tiere wünschen uns, dass es auf dem Hof einen Traktor gibt, der euch die Arbeit erleichtert." Die Familie war verblüfft über die Selbstlosigkeit der Tiere. Das Anliegen stieß auch bei den Bauersleuten auf Begeisterung. Und so dauerte es nicht lange, bis ein großer roter Traktor vor dem Hof stand. Der Plan des Esels schien aufzugehen. Die Bäuerin war häufiger zuhause und der Traktor, der nun das Feld viel schneller bestellen konnte, fuhr unglaubliche Ernten ein. Die Geschäfte gingen so gut, dass der Bauer mit den zusätzlichen Einnahmen noch mehr Kühe, Schweine und Hühner anschaffte. Damit hatten die Tiere nicht gerechnet. Statt den erhofften

Zuwendungen durch die Bäuerin mussten sie nun mit Platzmangel und Futterengpässen zurecht kommen. Die daraus resultierende Folge war ein hitziger Überlebenskampf, der fast in Mord und Totschlag endete. Nur einer profitierte nach wie vor von dem Traktor: der Esel Charles. Während die anderen Tiere stritten, lachte er sich ins Fäustchen, denn mit der Anschaffung des Traktors musste er nicht mehr den schweren Pflug über das Feld ziehen. Rückenschmerzen gehörten der Vergangenheit an. In seinem Koppeldasein konnte Charles nun das Dolce Vita genießen. Sein Plan war wirklich aufgegangen.

Benni dagegen sah sich großer Kritik ausgesetzt. Wie hatte er sich so irren können? Charles' Wunsch war doch so überzeugend gewesen! Er hatte die besten Argumente. Der Hahn verstand die Welt nicht mehr. Er nahm sich fest vor, unbedingt herauszufinden, was daran schief gelaufen war, bevor er den nächsten Wunsch frei hatte.

Die Geschichte hinter der Geschichte

Wurde Ihre Bitte nach einer Gehaltserhöhung auch bereits einmal abgeschlagen? Kann Ihre Partnerschaft oder Freundschaft Wünsche nicht erfüllen, die Ihnen wichtig und berechtigt erscheinen? Ist Ihnen schon einmal aufgefallen, dass Sie in der Firma mit Ihrer Ansicht der Minderheit angehören? Warum sieht es so einfach aus Wünsche zu formulieren (besonders, wenn man Kinder beobachtet), aber warum ist es oftmals so schwer, damit Erfolg zu haben?

Diese untypische Fabel, die zur Abwechslung dem dummen Esel einmal eine Chance gibt sich zu profilieren, eignet sich besonders gut, um der Frage nachzugehen, wie Kommunikation aussehen soll, um effektiv zu sein. Mit anderen Worten: Welche Art und Weise des Vortrags unterstützt am besten den Inhalt?

Interessanterweise transportiert unsere Sprache mehr als nur den reinen Inhalt. Wir geben mit unseren Worten auch immer eine Auskunft über unser Befinden. Konjunktive deuten z.B. auf eine latente Unsicherheit hin. Ähnlich andere "Weichmacher" – wie wir sie häufig nennen – wie die sächliche, dritte Person "man" (z.B. "Man kann davon ausgehen…") oder die verräterischen "vielleicht", "eigentlich", "irgendwie" und "unter Umständen". Wer mit diesen Worten seinen Wunsch umschreibt, sagt auch: "Ich weiß nicht, ob ich es wirklich will oder wie sehr ich hinter meinem Wunsche stehe!"

Aber auch die Kühe sind nicht geschickter als die Schweine. Die Partystimmung unter den Meistersängern mag als Zeichen von Solidarität verstanden werden, der Wunscherfüllung hilft sie aber keineswegs. Auch ist ein Wunsch zum Scheitern verurteilt, wenn es an der nachvollziehbaren Begründung (z.B. weshalb ausgerechnet ein Fliegengitter – es ging auch bisher ohne!) mangelt.

Die Hühner lassen jegliche Gemeinschaft vermissen. Sie haben sich vorher keine Mühe gemacht Einigkeit zu erlangen oder es zumindest nicht geschafft. Zwar haben die Einzelwünsche teils eine nachvollziehbare Begründung (edle Eier brauchen edles Futter), doch diese reicht nicht aus, denn wenn ein Wunsch lautstarke Feinde hat, ist seine Chance auf Erfüllung nur gering. Auch versäumen die Hühner, nicht nur ihre eigenen Interessen vorzubringen, sondern die Interessen anderer Beteiligter (in diesem Fall der anderen Tiere) ebenfalls zu berücksichtigen.

Da macht es Charles dem Hahn einfacher. Mit seinem Wunsch versetzt er Benni in eine angenehme Lage. Wird der Wunsch des Esels erfüllt, muss der Hahn mit keiner Kritik von den anderen Tieren rechnen, da alle davon profitieren. Somit steht er bei den Bauersleuten (oder dem Boss) wie auch bei den anderen Tieren (oder der Belegschaft) in einem guten Licht da, was wiederum eine wichtige Voraussetzung zur Erfüllung weiterer Wünsche ist.

In unserer Geschichte geht die Gleichung nicht auf, weil Charles eben nicht den besten Wunsch hatte. Er hat ihn lediglich am besten vorgetragen. Charles hätte sicher keine Unterstützung gefunden mit dem Argument, dass er Rückenschmerzen hat und entlastet werden möchte.

Was meinen Sie? Waren Sie schon einmal in der Situation der Küken, die einen wirklich wichtigen Wunsch nicht zu Ohr bringen konnten? Was müsste auf Seiten der Hühner und des Hahns passieren, damit die wirklich wichtigen Dinge des Lebens nicht untergehen? Oder kennen auch Sie die Charles' dieser Welt, die sich auf Kosten anderer von ihrer Arbeit entlasten?

Unser Fazit der Fabel:

Wünsche müssen klar, präzise, nachvollziehbar, kraftvoll und überzeugend vorgetragen werden, geringen Widerstand signalisieren, aber einen hohen "feel good"-Faktor, frei nach dem Motto: "Davon würden wir alle profitieren."
(Esel Charles)

DAS JUNGE WILDSCHWEIN COBER

Über den sorgsamen Umgang mit Worten

"Freundlichkeit ist eine Sprache,
die Taube hören
und Blinde lesen können."

Mark Twain,
US-amerikanischer Schriftsteller

Das junge Wildschwein Cober war ein schwieriger Zeitgenosse. Über es etwas Positives zu sagen war fast so schwer wie das berühmte Kamel durch ein Nadelöhr zu schleusen. Wenn man es ansprach, reagierte es jähzornig. Es war gereizt und aggressiv. Cobers Familie litt unter diesem Zustand. Wie oft hatte sie versucht, den Spross zu mäßigen, geschweige denn zu verstehen, warum er sich so verhielt! Mit seinen kräftigen Hauern fühlte sich der junge Eber aber zu allem berechtigt und mit seinem Mundwerk beschimpfte er seine "Mitschweine" gar wüst.

Wenn Cober seinen Eltern nicht gerade eine freche Schnauze anhängte oder seine Brüder ärgerte, spielte er am liebsten mit seiner jüngeren Schwester Thekla Insektensuche. Meistens trugen die zwei Wildschweine dabei einen Wettbewerb aus, wer die meisten Insekten erlegt. Aus Angst vor Cobers Wutanfällen ließ Thekla ihren Bruder meist gewinnen, aber heute schnüffelte Thekla besonders gierig über den Waldboden und ging als strahlende Siegerin aus dem Spiel. Doch der junge Eber gönnte seiner Schwester den Sieg nicht. Eben war er noch freundlich gewesen, nun starrte er Thekla wie vom Wahn besessen an. Seine Stimme bebte vor Wut. "Du schummelst. Das ist nicht mit rechten Dingen zugegangen. Du schummelst. Und ich hasse Schummler! In meinen Augen hast du nicht gewonnen. Du bist der Verlierer, du bist der Verlierer. Ich hasse dich, ich hasse dich!" Thekla schossen die Tränen in die Augen. Warum sagte Cober das? Sie war doch seine Schwester. Sollte er sie wirklich hassen? Weshalb verletzte

Cober sie mit seinen Worten so sehr. Schluchzend rannte sie zur Mutter.

Am Abend nahm die Mutter ihren Sohn beiseite. "So kann das mit dir nicht weiter gehen. Wenn du zu deinen Brüdern und Schwestern nicht netter bist, werden sie dich vertreiben, sobald sie ausgewachsen sind. Du musst lernen, deine Wut zu zügeln. Deshalb treffen wir nun folgende Vereinbarung, die dir helfen wird, dich zu mäßigen. Kennst du die schöne große Wiese am Waldrand? Jedes Mal, wenn du dabei bist, jemanden zu beleidigen oder zu beschimpfen, halte für einen Moment lang inne und geh' zu dieser Wiese! Dort gräbst du mit deinen Hauern ein tiefes

Loch in die Erde. So kannst du deine Aggressionen abbauen, ohne jemanden mit deinen Worten zu verletzen." Cober stimmte zu, denn er wusste selbst, dass es so nicht weitergehen konnte.

In den ersten Tagen sah man Cober häufig auf der Wiese am Waldrand und bereits nach wenigen Tagen glich die Wiese einem Schweizer Käse. Löcher zu graben war anstrengend und Cober war jeden Abend völlig erschöpft. Der junge Eber begann, sich ab und an zu beherrschen, denn er merkte schon bald, dass es einfacher war, sein Temperament zu zügeln als von morgens bis abends Maulwurfgänge freizulegen, ganz zu schweigen von dem spöttischen Gelächter der Krähen. Nach einigen Wochen konnte das Wildschwein auf eine stolze Bilanz zurückblicken: Täglich hatte er weniger Löcher graben müssen und die letzten zwei Tage sogar kei-

nes. Stolz auf sich selbst rannte Cober zu seiner Mutter, um ihr von seinem Erfolg zu berichten. "Gut, du hast nun gelernt, dass du deine Wut und deinen Hass nicht an anderen auslässt. Das ist bereits ein großer Fortschritt - aber noch nicht gut genug. In der nächsten Zeit wirst du versuchen erst gar nicht mehr wütend zu werden. Und jedes Mal, wenn du doch wütend wirst, dann gehst du erneut auf die Wiese und schüttest eines deiner Löcher wieder zu!" Cober tat, wie es ihm seine Mutter aufgetragen hatte. Am Anfang fiel es ihm noch sehr schwer, gar nicht mehr wütend zu werden und die Löcher füllten sich Stück für Stück wieder mit Erde. Bis jedoch alle Erdgruben wieder geschlossen waren, mussten fünf Monde vergehen. Der junge Eber hatte seine Emotionen so gut im Griff, dass er kaum mehr wütend wurde, geschweige denn seine Brüder und Schwestern beschimpfte.

Als schließlich alle Löcher zugeschüttet waren, ging Cober erneut zu seiner Mutter. Sie war stolz auf ihn. Thekla, die Schwester, freute sich ganz besonders. Mehr als alle anderen in der Familie hatte sie gemerkt, wie sich ihr Bruder zum Positiven verändert hatte und dass das Zusammensein mit ihm nicht mehr mit Beleidigungen oder Beschimpfungen verbunden war. Einige Tage später, nach der Morgendämmerung, machten Cober und seine Mutter noch einen Gang durch das Holz. Als sie an die Wiese am Waldrand kamen, blieben sie stehen und betrachteten stillschweigend das Werk von Cober. Schließlich sagte die Mutter: "Nun Cober, du hast nicht nur gelernt, die anderen nicht fortwährend zu beschimpfen, du hast auch gelernt, dich nicht provozieren zu lassen und dich zu beherrschen. Alle Löcher sind wieder geschlossen." Cober nickte.

"Aber schau dir die Wiese einmal ganz genau an. Sie sieht nicht mehr so schön aus wie früher. Sie ist nahezu verwüstet. Es wird lange Zeit dauern, bis hier wieder Gras wachsen wird. Und selbst wenn die Wiese wieder grün ist, wird sie doch nie wieder so sein, wie sie einmal war.

Genauso ist es mit deinen Worten. Wenn du jemanden mit deinen Worten verletzt, kannst du dich zwar im Nachhinein bei ihm entschuldigen, aber das macht die Sache niemals ungeschehen, denn jede Verletzung hinterlässt ihre Spuren."

Die Geschichte hinter der Geschichte

Das Problem des Wildschweins Cober ist auch außerhalb der Fabelwelt bekannt. Es begegnet uns täglich privat oder auch im Beruf.

Erst neulich erzählte mir eine Kollegin, dass ihr Flug von Paris nach London storniert wurde. Die gebuchten Passagiere wurden aufgefordert, sich ein neues Ticket für den nächsten Flug ausstellen zu lassen. Da für den nächsten Flug aber bereits ebenso viele Leute gebucht waren, hatte nun jeder Angst, keinen Platz zu bekommen. Entsprechend war das Gedränge vor dem Schalter. Meine Kollegin, eine eher zurückhaltende und nachsichtige Person und durch ihre Größe und Statur nicht dazu bestimmt, notorische Drängler in den Schwitzkasten zu nehmen, ließ einige Passagiere "vordrängeln", aber mit jedem Passagier, den sie in die Schlange vorließ, wuchs ihre Wut und ihr Zorn – bis sie beim sechsten Drängler dann explodierte. Mit vehementen Worten und klarer Botschaft wurde dieser ans Ende der Welt gewünscht.

Als sie mir die kleine Anekdote von ihrem Wutausbruch später erzählte, fügte sie hinzu: "Die gesamte Wartezeit bis zum Abflug habe ich inständig gehofft, dass dieser Mann nachher nicht neben mir sitzen würde." Besonders gut an dieser Geschichte gefällt mir, dass wir meist selbst spüren, wenn wir das Werkzeug Kommunikation falsch eingesetzt haben. Allerdings gelingt es uns nicht immer, uns zu beherrschen bzw. in der entsprechenden Situation überlegen zu reagieren.

Besonders in Beziehungen von Dauer hat die Geschichte von Cober und seinen Brüdern und Schwestern schon häufig Einsicht erwirkt. Mit dem Bild vor Augen, das Cober und seine Mutter gegen Ende der Geschichte vor sich sehen, als sie auf die Wiese am Waldrand blicken wird deutlich, dass jede Verletzung ihre Narben hinterlässt. Bei Auseinandersetzungen im Kollegenkreis oder der täglichen und auch kontroversen Abstimmung in familiärer Runde sollte dies berücksichtigt werden, denn man kann weder seinen Kollegen so einfach aus dem Weg gehen noch kann man sich eine neue Familie herbeizaubern.

Worte bergen eine enorme Kraft in sich

Gehen wir mit dieser Kraft sorgsam um, so ist dies ein erster Schritt zu einer besseren Welt.

BERTA, DAS WALROSS

Über die Kunst des Zuhörens

"Ein gutes Geschäft
ist ein Kompromiss
zwischen Reden
und Zuhören."

Ernst Jünger,
deutscher Essayist
und Erzähler

Die Walrosskuh Berta war eine echte Genießerin. Mittags lag sie auf einer Eisscholle und ließ sich auf den leichten Wellen des kristallklaren Wassers wiegen. Die Sonnenstrahlen tanzten auf den Eiskristallen. Berta räkelte sich, um für die nächsten Stunden bequem zu liegen. Zu dieser Tageszeit funkelten die Schneediamanten in der Mittagssonne und das sanfte Geplätscher des Eiswassers säuselte jedes Walross in eine friedvolle Siesta.

Berta war nicht nur Genießerin, sondern auch Mutter. Und auch wenn sie ihre Mutterfreuden um nichts in der Welt missen wollte, so betrachtete sie es doch als einen Segen, um diese Tageszeit ihre Seele ungestört baumeln lassen zu können. Bertas Kleine spielte nicht weit entfernt mit anderen Walrosskindern. Um die Kinder eine Zeit lang abzulenken, hatte Berta ihnen ein Spielzeug gegeben, das sie am Morgen auf der Futterjagd aufgelesen hatte. Es war eine rote Plastiktüte, die wohl von einem der Boote kam. Die Kleinen waren begeistert von der Schwimmfähigkeit der Tüte. Wenn der Wind etwas aufkam, flog sie übers Wasser. Der Nachwuchs war entzückt.

Aber Gemeinsamkeit war nicht nur bei den Kleinen großgeschrieben, auch die Eltern lebten in einer Walrossgemeinschaft mit hoher sozialer Integration. Wenn die Walrosse nicht gerade dösten oder ein Bad in der Arktis nahmen, kümmerten sie sich um die Gemeinschaft. Die Erziehung der Kinder ist Sache von allen, Adoptionen von verwaisten Kälbern stehen auf der Tagesordnung.

Während Berta noch ihren Gedanken nachhing, passierte etwas völlig Unerwartetes. Ohne dass es die Tiere bemerkten, hatte sich ein Eisbär genähert. Keine der hervorragenden Riecher hatte Alarm geschlagen und auf die Augen war kein Verlass. Mit großen Sätzen war der Eisbär schneller als erwartet bei den Kleinen, nahm sich eines der erschrockenen Kinder und verschwand mit einem gewaltigen Sprung hinter einem

Eisberg. Nach einer kurzen Schrecksekunde überblickten die übrigen Walrosse die Lage und taten das, was sie am besten konnten: gemeinsam handeln. Ohne Diskussion sprangen alle ausgewachsenen Tiere ins kühle Nass, schwammen schnell um den Eisberg herum zu der Eisscholle, wo der Eisbär es sich bequem machen wollte. Gerade als er das zappelnde Kleine in aller Ruhe verspeisen wollte, stießen die Walrosse voller Wucht gegen die Eisscholle, so dass der Bär ins Wasser fiel. Kurzerhand umklammerten ihn die Walrosse und zogen ihn in die Tiefe. Berta konnte den Kleinen losreißen und schwamm mit ihm zurück aufs Eis. Währenddessen zogen ihre Kameraden den Bären weiter in Richtung Meeresgrund. Sein wildes Aufbegehren wurde zunehmend schwächer. Als die Walrosse sicher sein konnten, dass ihr Widersacher erschöpft genug war, ließen sie von ihm ab. So schnell der Eisbär nur konnte, paddelte er zur Wasseroberfläche und verschwand mit eingezogenem Kopf in der Tundra.

Auf der Eisscholle herrschte betroffenes Schweigen. Mittlerweile waren alle Walrosse zurückgekehrt. Der Kleine wurde auf Wunden untersucht, doch bis auf einige Bissspuren und den Schock war er wohlauf. Fettzellen haben eben in jungen Jahren schon ihr Gutes. Berta war zunächst einfach nur erleichtert, dass dem Kleinen nicht mehr zugestoßen war.

Am nächsten Morgen war Berta jedoch sehr mitgenommen. Der Schreck des gestrigen Nachmittags saß ihr nach wie vor in den Gliedern, sie suchte nach Erklärungen und machte sich Vorwürfe. "Wie geht es dir, liebe Berta?", erkundigte sich Brüll, ein Walrossbulle aus der Familie, als er Berta abseits der anderen liegen sah. "Naja, nicht gerade besonders. Der Schock sitzt mir noch gewaltig in den Knochen. Mich plagt der Gedanke, dass ich dafür verantwortlich bin, den Kleinen in Gefahr gebracht zu haben. Ich hätte den Kindern das Spielzeug nicht geben dürfen, dann hätten sie auch nicht so unaufmerksam im Wasser geplanscht. Oder ich hätte dabei bleiben müssen, um aufzupassen. Mit der riskanten Rettungsaktion habt ihr euch dann auch noch in Gefahr begeben, und ich bin an allem Schuld."

"Papperlapapp!", erwiderte Brüll, "Schock und Schuld, das ist doch Weiberkram! Wir Walrosse sind schon über Generationen hinweg stark. Bisher haben wir noch allen Widrigkeiten getrotzt und das wird sich auch in Zukunft nicht ändern. Das wäre doch gelacht!" – "Ja, aber... ich fühle mich wirklich...", stammelte Berta. Brüll unterbrach sie mit einem lauten Patsch auf die Walrossschulter: "In dieser Kolonie wird nicht gejammert und damit Ende der Diskussion!"

In der Nacht wurde Berta massiv von ihren Gefühlen verfolgt. Sie fühlte sich so schlecht, dass sie überlegte, die Kolonie zu verlassen. So, wie sie sich verhalten hatte, war sie es unter keinen Umständen wert, weiterhin der Gemeinschaft anzugehören. Als die Walrosskuh endlich eingeschlafen war, plagten sie schlimme Albträume. Sie träumte von übergroßen, fliegenden Eisbären, die die Kinder mit roten Plastiktüten fingen. Sie träumte, dass sie bei dem Versuch den Eisbären hinterher zu fliegen ins Wasser plumpste und wie ein schwerer Stein unter die Oberfläche des Eismeeres gezogen wurde. Tiefer und tiefer, bis sie keine Luft mehr bekam. Nach Luft japsend, schreckte Berta auf.

Als die anderen Walrosse am nächsten Tag das Meer nach ihren Lieblingsspeisen durchstöberten, lag Berta bedrückt auf einer Eisscholle. Das Meer brachte sowieso täglich zahlreiche Gefahren für das Walrossrudel und dann handelte sie derart leichtsinnig! Sie fühlte sich miserabel. "Die anderen können mich jetzt gar nicht mehr lieben. Ich bin es nicht wert in der Kolonie leben zu dürfen." Berta schluckte die Tränen herunter.

Die Kollegen merkten natürlich, dass etwas mit Berta nicht stimmte. Und wie dies in der sozialen Gemeinschaft üblich ist,

versuchten sie Berta aufzumuntern. Sie fragten, ob sie ihr etwas zum Essen fangen sollten, versuchten sie aufzumuntern ins Wasser zu kommen, erzählten von ihren Tauchgängen und Unterwassererkundungen und dass sie den Eisbären von vorgestern am Horizont gesehen hatten. Viele versuchten, ihr zu helfen. Aber Berta empfand all die gutgemeinten Ratschläge als unangebracht. Sie fühlte sich unverstanden. Sie wollte keine Ablenkung und keine Aufheiterung. Sie wollte keine warmen Worte oder heiteren Witze. Sie wollte eigentlich nur verstanden werden. Die anderen Walrösser sollten verstehen, wie Leid ihr das Ganze tat, aber keiner hörte ihr richtig zu. In den folgenden Wochen versank die Walrosskuh mehr und mehr in einem Sumpf aus Schuldgefühlen und Selbstmitleid. Bis sie eines Abends mit dem "Diplomaten" ins Gespräch kam. Dieses Walross wurde von allen Diplomat – kurz Diplo – genannt, weil es schon mehrmals zwischen streitenden Walrossen vermittelt hatte und selbst Konflikte grundsätzlich umging. Diplo war stets unaufdringlich und besaß großes Einfühlungsvermögen. Er hatte gespürt, dass sich Berta viel zurückgezogener verhielt als vor ihrem schrecklichen Erlebnis. Behutsam robbte Diplo zu Berta und legte sich einfach

nur neben sie, wie das in Walrosskreisen üblich war. Berta spürte seine Wärme. Das erste Mal seit Wochen konnte sie wieder schmunzeln.

Diplo fragte: "Berta, darf ich dir ein kleines Geheimnis anvertrauen?" Berta war zwar erstaunt über die Frage, nickte aber aufmunternd. "Berta, ich möchte dich ja nicht mit meinen persönlichen Geschichten belästigen, aber ich glaube, dass du die Einzige bist, die mich vielleicht versteht." Der Diplomat rückte noch etwas näher heran. "Seit wir den Kleinen neulich aus den Fängen des Eisbären befreit haben, hat sich in unserer Walrossgemeinde viel verändert. Zum Beispiel bei mir: ich habe früher zwar oft in Konflikten vermittelt, aber ich selbst habe mich bisher immer zurückgezogen, wenn es hart auf hart kam. Vorgestern war das zum ersten Mal anders. Ich bin mit allen zusammen ins Wasser gesprungen und habe geholfen, den Bären zu besiegen. Ich glaube, ich bin nun ein richtiges Walross. Aber schau dich nur um, auch unsere Gemeinschaft ist enger zusammengewachsen. Wir sind stolz darauf, dass wir den Kleinen retten konnten und haben gezeigt, was für eine wunderbare Gemeinschaft wir sind."

Diplo drehte sich jetzt zu Berta um, so dass sie direkt in seine dunkelbraunen Augen schauen konnte. "Bei dir scheint das anders zu sein. Du wirkst eher traurig als stolz. Dabei warst du doch die erste, die ins Wasser gesprungen ist um zu helfen. Was ist los mit dir?", fragte der Diplomat besorgt. Kaum hatte er den Satz beendet, schossen Berta die Tränen in die Augen. Seit dem Kampf mit dem Bären hatte sich niemand wirklich für ihre Gefühle interessiert und alles, was die Walrosskuh in letzter Zeit mühsam verdrängt oder heruntergeschluckt hatte, kam jetzt wieder in ihr hoch. "Erzähl' mir, was mit dir los ist!", ermutigte Diplo seine Kameradin. Berta schluchzte noch einige Male, doch schließlich begann sie zu erzählen. Sie berichtete Diplo von ihren Schuldgefühlen, von den Dingen, die sie seit dem Vorfall bedrückten, von ihrem

Eindruck, die Gemeinschaft enttäuscht zu haben, von ihrer Angst, aus der Familie verstoßen zu werden, von ihrem Verdacht, kein Vertrauen mehr zu genießen und von den über alle Maßen starken Schuldgefühlen.

Lange redete sich Berta ihre Sorgen von der Seele und der Diplomat hörte ihr nur zu. Hin und wieder gab er durch ein Nicken zu verstehen, dass er verstand. Er schenkte Berta seine ungeteilte Aufmerksamkeit, denn das war im Moment das Einzige, was er ihr anbieten konnte.

In dieser Nacht konnte Berta zum ersten Mal wieder richtig schlafen und als die Walrosskuh am Morgen erwachte, spürte sie, dass sich etwas verändert hatte. Sie hatte das Gefühl, als ob ein ganzes Gebirge von ihrem Herzen gewichen war. Berta fühlte sich so unbeschwert und leicht wie sich ein Walross nur fühlen kann. Sie robbte wieder zum Wasser und ließ sich sichtlich erleichtert ins Eiswasser plumpsen.

Die Geschichte hinter der Geschichte

Die Geschichte von Berta ist für uns die vielleicht wichtigste Erzählung dieses Buches, denn im traditionellen Sachbuchrahmen lässt sich das Thema "Zuhören" unter allen kommunikativen Themen mit am schwierigsten veranschaulichen. Berta erlebt durch den folgenschweren Zwischenfall mit dem

Eisbären eindrücklich einige wesentliche Aspekte der Kommunikation. So bekommt sie zu spüren, dass die meisten Walrösser am liebsten von sich selbst reden und dem anderen nicht zuhören. Es prasseln viele Ratschläge auf sie ein, ohne dass auch nur einer der Ratgeber weiß, was sie wirklich braucht. Selbst als Berta verzweifelt den Versuch unternimmt ihre Gefühle mitzuteilen, hört ihr Kollege Brüll nicht nur nicht zu, sondern verbietet ihr mit gutgemeinten Worten auch noch weiterzugrübeln – und sich weiter mitzuteilen.

Es muss nicht unbedingt nur die private Krisensituation sein, die mit Bertas Erlebniswelt angesprochen wird. Täglich begegnen uns Situationen, in denen es an einem qualifizierten Zuhörer mangelt. Ich habe viele Kundengespräche miterlebt, bei denen ich mich gefragt habe, ob der Verkäufer seinen Kunden überhaupt verstehen will. Zuhören als Teil einer systematischen Entdeckungsreise scheint mir dabei im heutigen Verkauf eine unterentwickelte Fähigkeit zu sein.

Dies lässt sich auch anhand dieser kleinen, persönlichen Anekdote illustrieren:

Als unser Fernsehapparat letzten Herbst nach einer spekta-
kulären Feuereinlage seine Dienste verweigerte, führte mich
die Suche nach einem Ersatzgerät – nach einer Odyssee im
Internet und aufgrund einer nachhaltigen Antipathie gegenüber dem Elektrogroßhandel ("Ja, bei Ihnen fühl' ich mich
blöd") – wieder zum traditionellen Laden um die Ecke. Das
Versprechen "Hier werden Sie nicht nur bedient, sondern
auch beraten" wurde eingelöst. Wir hangelten uns von einer
Bildschirmgröße zur nächsten, sprachen über die Unterschiede der Formate, wägten Bedienungsfreundlichkeit verschie-
dener Typen ab und diskutierten die Gerätefarben. "Wir" ist
übertrieben. Er! Auf jeden Fall kaufte ich einen Fernseher mit
100 Hertz (obwohl ich keinen Unterschied zu unserem alten
erkenne, aber das mag an meinem Unvermögen liegen), 16:9-
Format (obwohl wir keinen DVD-Player haben und auch
sonst kaum Kinofilme sehen), edles Design (obwohl er
ohnehin nur in der Ecke steht). Im Nachhinein betrachtet hätten dem Verkäufer einige Frage- und Zuhörfähigkeiten geholfen, die Kundensituation richtig zu analysieren und darauf
aufbauend den passenden Fernseher zu empfehlen. Aber
wahrscheinlich habe ich nun den Fernseher, der ihm die beste
Marge gebracht hat. Auch nachvollziehbar.
Eine berechtigte Frage ist sicher, was denn "richtiges Zuhören"
überhaupt ist, wie man es definiert. Wir gehen üblicherweise
von 3 Stufen des Zuhörens aus. Die erste ist die aus der Schu-
le bekannte Form des Zuhörens, also des Nichtredens. Bei
diesem Zuhören steht im Vordergrund, dass der vermeintliche

Zuhörer das Gespräch oder den Vortrag nicht stört. Dies heißt jedoch nicht, dass der Zuhörer versteht oder gar mit eigenen Worten wiedergeben kann, was gesagt wurde. Die zweite Form des Zuhörens kann als reaktives Verstehen bezeichnet werden. Das heißt, der Zuhörer nimmt das Gesagte auf und kann die Inhalte auch nach einiger Zeit noch abrufen, sich also erinnern. Unter "aktivem Zuhören" verstehen wir die höchste Form, das gesprochene Wort aufzunehmen. "Aktives Zuhören" zeichnet sich durch eine Reihe von Maßnahmen aus, die dazu dienen auch wirklich zu verstehen, was der andere mir sagen will. Dazu gehört z.B. das Gesagte zusammenzufassen oder bei Verständnisproblemen nachzufragen. Angepasste Mimik, Gestik und Worte, die dem Sprechenden signalisieren, dass man ihn versteht oder sich zumindest um Verständnis bemüht, gehören ebenfalls dazu.

Unser Fazit der Geschichte:

Ab und zu weniger reden und dafür anderen aktiv zuhören. Dabei lernt man viel und tritt übrigens auch in weniger Fettnäpfchen.

DIE VÖGEL SCHWATZ UND REDIG

Geheimnisse der überzeugenden Rede

"Sei nicht ungeduldig,
wenn man deine Argumente
nicht gelten lässt."

Johann Wolfgang von Goethe,
deutscher Dichter der Klassik.

Wenn die Tage kürzer werden und die Blätter beginnen, sich zu färben, wird es für viele Vögel höchste Zeit, die lange Flugreise in den Süden vorzubereiten. Die Reise verlangt genaueste Planung. Da reicht es nicht aus, einfach die Flugfedern aus dem Schrank zu holen und sich ein kleines Fettpölsterchen anzufressen. Daher treffen sich jedes Jahr die Vertreter der Zugvögel vor ihrer langen Reise, um sich auf das Vorhaben einzustimmen. Dabei wird über Flugrouten gesprochen, über Rastplätze nachgedacht und das Wetter prognostiziert. Doch als sich die Schwarmältesten dieses Jahr trafen, war die Stimmung angespannt. Die diesjährige Tagung verlief bei weitem nicht so reibungslos wie in den Vorjahren. Viele Vögel wollten nicht in den Süden. Sie mochten bleiben, weil ältere Zugvögel ihnen erzählt hatten, wie es auf den vorhergehenden Flügen zugegangen war. Viele Vögel hatten die Reise in den letzten Jahren nicht überlebt, sie wurden von Menschen abgeschossen, waren in große Netze geflogen oder auf andere Weise ums Leben gekommen. Auch gab es immer weniger Plätze, die als Rastplatz für einen großen Schwarm auf der Durchreise geeignet waren, ganz zu schweigen von den Anstrengungen der Reise selbst. Nein, das war die Sache einfach nicht wert.

Die traditionellen Sonnenanbeter trauten ihren Ohren nicht. Sie wussten, dass sie den kalten Winter im Norden kaum überleben konnten. Würden sich die Vögel in Scharen entschließen zu bleiben, so wäre dies eine Gefahr für den Bestand vieler Arten. Die Sorge war groß.

Viel Geschnatter verging und den Beteiligten wurde klar, dass sich die Fronten nur weiter verhärten würden. Die eine Hälfte wollte gehen, die andere bleiben. Und die Zeit drängte. Man entschloss sich zu einer Abstimmung, bei der alle Zugvögel sich beteiligten. Die Mehrheit würde entscheiden. Um allen eine gute Entscheidungsgrundlage zu geben, einigten sich die Schwarmältesten darauf, dass es jeweils eine Rede von der Fraktion der überzeugten "Beachees", wie die Sonnenanbeter oft ironisch genannt wurden, und eine von der neuen Fraktion der Reise-Unlustigen geben sollte. Die Störchin Redig wurde aus den Reihen der "Beachees" als Sprecherin auserkoren und für die Reise-Unlustigen trat der Star Schwatz vor die Menge. Aber noch war es nicht soweit. Die beiden hatten noch zwei Tage Zeit, um sich auf die alles entscheidende Rede zur Abstimmung vorzubereiten.

Star Schwatz war stolz, als Redeführer ausgewählt worden zu sein. Er war ziemlich aufgeregt und flog von einem Vogelschwarm zum nächsten, um seine Wahl kund zu tun. Von den Reisegegnern ließ er sich bauchpinseln und viele Glückwünsche zurufen. Schwatz wusste, dass alle Vögel, die ihm wohlgesonnen waren, ihn bei seiner Rede unterstützen würden. Also musste er ihre Interessen auch gut vor den "Beachees" vertreten. Der Inhalt seiner Rede stand bereits fest. Für ihn lagen die Fakten eindeutig auf der Hand: Wer in den Süden fliegt, ist verrückt. Die Gefahr war einfach zu groß für alle. Aus dem Leid der Vergangenheit mussten Konsequenzen gezogen werden. Und hier im Norden ging es allen im Sommer sehr gut. Es war klar: Den sichersten Winter würden sie erleben, wenn sie hier blieben. Schwatz war sich sicher, dass diese Argumente und die starke Unterstützung aus den Reihen der Reisegegner bei den Vögeln im anderen Lager wirken würden. Er musste eigentlich nur noch die Tatsachen offen auf den Tisch legen. Und da Schwatz in der Vogelschule ein aufmerksamer Schüler gewesen war, wusste er, wie wichtig der erste Eindruck beim Publikum ist. Also konzentrierte er sich darauf, an der Einleitung der Rede zu arbeiten. Was sollte er anziehen? Wo würde das Rednersteinpult stehen? Wen sollte er namentlich begrüßen? Was wäre ein erster Lacher? Schwatz bereitete sich gewissenhaft vor.

Die Störchin Redig war ebenfalls aufgeregt. Auch sie wusste, dass eine gute Planung das richtige Rezept gegen Lampenfieber war. Also stellte sie sich zuerst einige einfache Fragen: Wen spreche ich an? Redig entschied, dass sie im Grunde nicht ihresgleichen ansprechen wollte, sondern die Reise-Unlustigen. Immerhin galt es, eine möglichst große Anzahl von ihnen auf die eigene Seite zu bringen, also zu überzeugen, um die Abstimmung zu gewinnen. Das war ihr Ziel. Sie wollte so viele Reise-Verweigerer vom Sinn der Südtour überzeugen, dass bei der Abstimmung die "Beachees" klar die Mehrheit stellen würden. Aber wie sollte ihre Rede aussehen? Worüber würde sie sprechen? Redig dachte darüber nach, wie sie die anderen überzeugen könnte. Um darauf eine Antwort zu finden, stellte sie sich vor, wie sie selbst überzeugt werden könnte. Der Redner müsste in jedem Fall meine Situation verstehen, dachte sie. Er müsste auf mich eingehen und meine Ängste, Sorgen und Wünsche anspre-chen. Also suchte sie das Gespräch mit einigen Rei-segegnern. Nur so konnte sie den Schlüssel für die Über-zeugungsrede finden.

Redig wurde im Gegensatz zu Schwatz nicht mit to-sendem Bei-fall begrüßt. Alle wussten, dass dies die Vertreterin der "Beachees" war. Umso schwerer war es für Redig, einige der Gegner in ein Gespräch zu ver-

ABINDENSÜDEN!

wickeln. Sie versicherte ihren Gesprächspartnern, dass sie vor ihrer Rede gerne ihre Interessen hören würde. Sie wollte wissen, wie sie sich den Winter im Norden vorstellten, ob sie schon einmal an einer Reise in den Süden teilgenommen hatten, welche Vorstellungen sie von dem langen Trip besaßen, wovor sie Angst hatten und ob es vielleicht noch andere Gründe gab, warum die Vögel die Reise ablehnten. Die Störchin wollte dem Thema auf den Grund gehen, um sich optimal auf ihre Rede vorzubereiten. Sie plante die Hälfte ihrer verbliebenen Zeit ein, um mit so vielen Vögeln wie möglich zu sprechen und ihnen zuzuhören – jedoch nicht, um schon mit der Überzeugungsarbeit zu beginnen. Es war ihr wichtig, zunächst einmal nur zu verstehen. Sie sprach mit manchen Vögeln lange und ausgiebig und machte sich dabei unermüdlich Notizen.

Nach vielen langen und interessanten Gesprächen zog sich Gisela Redig schließlich zurück, um das Gehörte zu verarbeiten. Noch bevor sie schlafen ging begann sie, ihre Gedanken zu sortieren und die Reihenfolge für ihre Rede festzulegen, plante die Redezeit und dachte zum Schluss über einen originellen Einstieg nach, der ihr Aufmerksamkeit und Sympathie einbringen würde.

Der Tag der Abstimmung war gekommen. Als erstes kam Schwatz an den Rednersteinpult. Er baute sich selbstsicher vor der Menge auf und begann: "Liebe Kameraden! Was ist weiß mit blauen Streifen und fliegt durch die Luft?" Pause. "Ein Storch mit Krampfadern." Da fingen die Reise-Unlustigen an zu grölen und jauchzen. Schwatzens Anhänger waren begeistert. Sie hüpften von einem Bein aufs andere, plusterten sich auf und gackerten hämisch über die Reiselustigen, unter denen sich viele Störche befanden. Schwatz war von seiner Redekunst übermannt. Sein Lampenfieber war dem Drang nach Selbstdarstellung gewichen. Gleich legte er noch einen nach: "Oder kennt ihr den…?"

Währenddessen verhärtete sich bei den "Beachees" die Meinung, dass die Reisegegner einen "Vogel" hatten. Keiner dachte auch nur im geringsten daran, seine Meinung zu ändern. Durch die Witze vom Podium fühlten sie sich beleidigt, und das Gelächter der Genossen war erniedrigend.

Schwatz war in seinem Element. Er riss einen Storchenwitz nach dem anderen und seine "Wir-bleiben-hier-Fans" krümmten sich vor Lachen. Einige Mauersegler riefen "Schwatz for President!" Andere vereinten sich in Sprechchören "Wir bleiben hier, wir bleiben hier!" Als die eine Hälfte der Schar so richtig tobte, kam Schwatz zum Hauptteil seiner Rede. Aber eigentlich – so dachte Schwatz – war gerade keine Stimmung für Fakten und Zahlen und so kam er gleich elegant zum Ende seiner Rede. Schon heiser, krächzte er aus voller Kehle: "Wollt ihr hier bleiben?" Und ein Meer von Zugvögeln brüllte, dass man es im ganzen Lande hören konnte: "Jaaaaaa." Schwatz riss die Flügel auseinander – die Siegerpose hatte er geübt – und stieg unter tosendem Beifall von der Bühne.

Nun kam Redig zum Steinpult. Redig stellte sich so, dass alle sie sehen konnten. Sie schaute ihr Publikum an und wartete

bis Stille eingekehrt war. Sie hatte genau gespürt, dass Schwatz die Hälfte des Publikums auf seiner Seite hatte. Sie musste also darauf achten, keine Emotionen gegen den Rednerkollegen Schwatz zu wecken, weil niemand von den Schwatz-Anhängern auf ihn etwas kommen lassen würde. Sie musste sich demnach auf die Sache konzentrieren und zeigen, dass Schwatz als Person zwar liebenswert war (das würde ihr Sympathien einbringen), dass sie aber in der Sache recht hatte. Und das würde sie nur mit hieb- und stichfesten Argumenten erreichen.

Zur Verwunderung der Vögel begann sie mit den Worten: "Meine Lieben und insbesondere diejenigen, die an der diesjährigen Reise nicht teilnehmen möchten. Ich kann eure Begeisterung für diese Region verstehen. Wir haben einen der längsten und schönsten Sommer erlebt, mit reichlich Futter und einer großen Brut. Wir sind stolz auf unseren Nachwuchs, der so stark und kräftig geworden ist wie in keinem Jahr zuvor. Für mich war es ein wundervoller Sommer, vielleicht der schönste, den ich je erlebt habe – dank aller guten Umstände, die uns dieses Jahr beschert wurden und dank euch.

Denn auch wenn wir heute in einer konkreten Frage unterschiedlicher Meinung sind, so haben wir uns den ganzen Sommer über bestens verstanden. Ich kann mich noch erinnern, wie ich an einem der heißesten Tage Schwatz und seine Kollegen Stare auf dem Feld getroffen habe. Es gab soviel Korn wie Sand am Meer und der nahegelegene Weiher

lieferte Süßwasser im Überfluss. Mehr als zwei Wochen ver-
brachten wir dort in familiärer Nachbarschaft."
"Wenn ich einen Wunsch frei hätte, dann würde ich mir wünschen wieder einen solchen Sommer zu erleben. Nächstes
Jahr. Ich wünsche mir, dass die Jungen unter uns ihre Kleinen
in einem ähnlich schönen Sommer großziehen können wie
wir in diesem Jahr. Dazu muss aber jeder Einzelne von uns
heute die richtige Entscheidung treffen. Es geht nicht darum,
zu den "Beachees" oder zu der "Wir-bleiben-hier"-Fraktion zu
gehören. Es geht darum, eine Entscheidung zu treffen, die

jedem Einzelnen von uns die Zukunft sichert, die wir uns gemeinsam wünschen. Es geht um euch."

Inzwischen lauschten alle andächtig. Aber die Reise-Unlustigen waren noch nicht überzeugt. Dennoch, sie spürten, dass die Rede vorher zwar viel lustiger war, dass es aber in dieser Rede um mehr ging. Sie hörten weiter zu.

"Ich habe das ganze Jahr hinweg mit vielen von euch gesprochen. Besonders in den letzten zwei Tagen hatte ich einige interessante Gespräche mit Reisegegnern. Es wurde mir dabei manches klar: z.B. warum viele von euch nicht reisen wollen, welche Gefahren sie befürchten, welche Hoffnungen sie an den Norden knüpfen. Deshalb kam ich zu dem Schluss, dass wir dieses Jahr alles anders machen müssen. Wir können nicht tun, was wir seit Jahrzehnten getan haben. Wir müssen es schaffen, sicher und ohne Verluste den Winter zu überleben. Jäger kennen unsere Route, Vogelfänger unsere Rastplätze. Die Gefahren sind da, aber wir müssen eine Lösung finden. Mir wurde aber auch klar, dass wir trotzdem nicht einfach hier bleiben können. Die Jahreszeiten bringen Veränderungen mit sich. Das Land verwandelt sich in eine Vogelwüste. Äcker, Wiesen und Wälder sind mit dem Eis der Antarktis überzogen. Hier zu bleiben wäre reiner Selbstmord. Keiner von uns würde überleben."

"Also lasst uns eine gemeinsame neue Lösung finden. Eine Alternative, die alle unsere Interessen berücksichtigt. Wir müssen in den Süden, wenn wir überwintern und überleben wollen.

Eine berechtigte und offene Frage ist aber, wie wir dort hin-kommen. Wie können wir den Gefahren aus dem Weg gehen? In meinen Gesprächen habe ich viele Ideen und Anregungen bekommen. Wenn wir alle unsere Köpfe zusammenstecken und uns neue Routen, alternative Rastplätze und kreative For-mationsflüge ausdenken, bin ich mir sicher, werden wir es schaffen. Wir werden alle ankommen und einen so guten Winter haben, wie wir diesen Sommer hatten. Damit wir diese Lösung finden, schlage ich vor, dass wir Gruppen bilden, um die einzelnen Aspekte der Reisevorbereitung zu besprechen, damit wir gegen Abend einen Vorschlag, bestehend aus vie-len Gruppenideen, haben, über den wir dann sprechen und abstimmen können."

Als Redig ihre Rede beendet hatte, besaß sie noch keine Stim-men-Mehrheit. Aber viele der Reiseverweigerer waren sich nicht mehr so sicher. Sie waren bereit, über eine dritte Alter-native zu sprechen und in kleinen Gruppen über mögliche Lösungen nachzudenken.

Als der Plan am Abend feststand nachdem alle daran mitgear-beitet hatten, war die Begeisterung groß. Die "Beachees" hat-ten ihr Ziel, in den Süden zu kommen erreicht und die Reise-verweigerer wurden ebenfalls berücksichtigt. Es wurde eine Route gewählt, die letztlich allen zugute kam. Eine wirkliche dritte Lösung.

Am nächsten Tag zog die gesamte Schar gen Süden.

Die Geschichte hinter der Geschichte

Im Jahre 1979 besuchte ich mit einigen Freunden eine Diskothek, in der an diesem Abend ein Radiosprecher die Party moderierte. Im Laufe des Abends bot er den Gästen ein Spiel an. Jeder Gast konnte ihm irgendein Wort sagen und er würde aus dem Stegreif heraus zwei Minuten lang darüber sprechen. Wir waren fasziniert, er konnte es tatsächlich, welches Wort ihm auch zugeworfen wurde.

Erst einige Jahre später wurde uns sein Rezept klar: Er ging immer nach einer bestimmten Struktur vor, die ihm half, sämtliche Themen aufzugreifen und darüber zu sprechen. Er hatte sich eben gut vorbereitet. Nicht so sehr auf den Inhalt, jedoch auf die Vorgehensweise.

In unseren Rhetoriktrainings erleben wir immer wieder, wie sehr Menschen Angst davor haben, eine Rede vor einer Gruppe von Menschen zu halten. Die größte Herausforderung, die wir hierzu über die Jahre herausgearbeitet haben, ist das o.g. Thema: eine gute Vorbereitung.

Die Störchin Redig geht dabei richtig vor. Bevor sie sich in Details stürzt, wie den Einstieg der Rede oder "Was ziehe ich an?", beschäftigt sie sich mit ihrem Publikum und stellt entscheidende Fragen. Zu wem spreche ich? Wen muss ich erreichen? Was will ich ändern? Daher liegt sie ihrem Kollegen gegenüber bereits zu Beginn strategisch im Vorteil. Redig erkennt, dass sie nicht ihre eigene Gruppe, die "Beachees", überzeugen muss, sondern die Reiseverweigerer. Sie arbeitet

heraus, wie man die Gegner überzeugen könnte und versucht, deren Motive zu verstehen – durch das persönliche
Gespräch. Damit schafft sie sich nicht nur
die richtige Informationsbasis sondern
sichert sich bereits erste Sympathien. Man kann zwar Leute hassen, die reden, aber selten welche, die zuhören. Und genau
das macht sie richtig. Sie
hört, was die Reisekritiker
zu sagen haben, denn hieraus wird der Stoff sein, aus
dem sie eine überzeugen-
de Rede gestalten kann.
Sie versteht weiterhin,
dass dies kein Kampf
zwischen Personen wer-
den darf, weil sie das
Charisma-Duell   gegen
Schwatz verlieren würde.
Dazu sind seine Sympathi-
en unter den Reise-Unlustigen zu überschwänglich. Sie
entscheidet sich für den
Kampf in der Sache – jedoch
ohne Fronten aufzubauen. Sie
knüpft an Motive, die die Reise-

kritiker ihr verraten haben: "Wir wollen, dass alles bleibt, wie es ist". – "Wir wollen nicht reisen, weil wir einen schönen Sommer hatten." Sie baut eine Vision des "wundervollen Sommers" auf und bildet dadurch eine gemeinsame Grundlage. Sie verbindet die beiden Lager zunächst außerhalb des Streitthemas.

Anschließend bereitet sie beide Parteien darauf vor, dass jede von ihrer Position ein wenig abrücken muss, um die Interessen beider Seiten verwirklichen zu können. Sie involviert ihre Gegner und fördert durch deren Beteiligung die Akzeptanz der Idee. Durch einen "dritten Weg" ermöglicht sie jedem, das Gesicht zu wahren.

Gute Reden basieren auf guter Vorbereitung

Sich dabei in die Lage des Publikums zu versetzen und zu erfassen, was interessiert und was nicht, wo Wünsche oder Ängste sind, und die Gründe hierfür liegen, ist die nötige Vorarbeit. Der häufigste Fehler bei gutgemeinten Reden ist die egozentrische Sichtweise und die ungenügende Vorbereitung auf die wirklich wichtigen Fragen, nämlich: "Was soll meine Rede bei wem bewegen?" und "Wie könnte diese Bewegung von mir angestoßen werden?"

Danksagung

Der Frosch Aloa zeigt in seiner Geschichte deutlich, wie wichtig Team-arbeit ist, wenn man große Aufgaben meistern will. Dieses Buch wäre nicht, hätte es nicht ein phantastisches Team an Menschen gegeben, die an die Idee geglaubt und an der Umsetzung hart und unermüdlich gearbeitet hätten.

Wir danken Andrea Lutzenberger,
die uns immer wieder mit ihrem Pioniergeist, ihrer unablässigen Zuversicht und einem scharfen Spürsinn fürs Wesentliche begeisterte. Sie hat als Verlegerin nicht nur das Team zusammengebracht und geleitet, sondern auch inspirierende Ideen und entscheidende Beiträge zur Entstehung des Buches geliefert.

Wir danken Lydia Mauderer-Waldow,
die sich von Anfang an mit großer Begeisterung in das Team einbrachte und als "Meisterin für Satz und Layout" dem Buch sein wertvolles und fabel-gerechtes Kleid verlieh. Egal, wie stürmisch die Termin-Wogen schlugen, sie behielt stets das Steuer souverän in der Hand.

Wir danken Walter Mödl,
der durch seine kunstvollen Zeichnungen die Geschichten illustrierte und somit den Eindruck der fabelhaften Begegnungen sichtbar werden ließ. Die Ergebnisse seiner Fingerfertigkeit haben uns beeindruckt und geben den Geschichten eine ganz besondere Ausdruckskraft.

Wir bedanken uns bei Maryam Bonakdar,
die als "redaktioneller Geist" des Buches viele Phasen der Entstehung miterlebte und durch ihren Beitrag den Geschichten einen schönen und grammatikalisch korrekten Mantel anlegte. Ihre Gedanken haben so mancher Geschichte eine wundersam positive Wendung gegeben.

Wir bedanken uns bei Sybille Keßler,
die als kritische Stimme im Hintergrund den Inhalten den letzten Schliff verlieh und durch zahlreiche Ideen half, die Geschichten auf Hochglanz zu polieren. Nicht nur die Beiträge, sondern auch ihre Flexibilität und Pünktlichkeit waren bewundernswert.

Danke.

Rolf-Michael Hahn – Nicolai Stickel

Wenn ich als Tier
zur Welt gekommen wäre ...

... hätte ich kein Buch über meine Artgenossen geschrieben. Denn ich habe den Eindruck, dass Tiere mit der Kommunikation kein Problem haben. Das ist bei mir anders. Ich habe schon schlechte Präsentationen gegeben, mich in Diskussionen zu wenig behauptet, durch Redebeiträge mehr Konfusion als Klärung erreicht und Konflikte provoziert. Ich weiß also, wovon ich spreche und fühle mich deshalb mit jedem unserer Tiere ein wenig verwandt.

Dipl. oec. Nicolai Stickel, geboren 1970, Studium der Wirtschaftswissenschaften an der Universität Augsburg, heute Marketing Programm Manager bei HP.

Nicolai_Stickel@web.de

Gemeinsame Veröffentlichungen:
Richtig miteinander reden *(mvg-verlag)*
Gut gefragt ist fast gewonnen
(Rowohlt Taschenbuch Verlag)
Die Sprache der Sieger *(mvg-verlag)*
Die Kraft des Wortes *(mvg-verlag)*

Wenn ich als Tier
zur Welt gekommen wäre...

... dann wäre mir sicher nicht geschehen, was mir in meinem Leben schon oft geschah. Dann wäre mir nicht geschehen,

– dass ich Andere missverstehe, weil ich nicht aufmerksam genug zuhöre,
– dass ich missverstanden werde, weil ich mich nicht hinreichend auf die andere Person einstelle,
– dass ich andere Menschen verletze, weil ich selbst nicht hinreichend sensibel mit meinen Worten umgehe.

Deshalb fühle ich mich mit jedem unserer Tiere verwandt.

Rolf-Michael Hahn, geboren 1959, Hotelkaufmann, Studium der Betriebswirtschaft an der Verwaltungs- und Wirtschaftsakademie Karlsruhe, heute Unternehmensberater und Trainer.

Rolf-Michael.Hahn@t-online.de

Veröffentlicht im *Lutzi Verlag Allgäu* Betzigau, April 2002

© Lutzi-Verlag-Allgäu, Hauptstraße 1, 87488 Betzigau,

Telefon: 08 31 / 51 23 48-0 Fax: 08 31 / 51 23 48-90

www.schluesselmomente.de

Buchgestaltung, Layout und Satz: *Lydia Mauderer-Waldow*

Druck: *KKW-Druck GmbH, Kempten*

Repro: *CTP 2000 Nägele GbR, Kempten*

Bindung: *Thomas, Augsburg*

Printed in Germany

ISBN 3-9805325-4-2